Lachyoga

Ankertjesserie 365

AnkhHermes

GROEIEN IN BEWUSTZIJN

www.ankhhermes.nl

AnkhHermes is pionier op het gebied van bewustwording, spiritualiteit, gezondheid en nieuwe wetenschap. Met onze kwalitatief zorgvuldig geselecteerde uitgaven willen we je helpen om bewuster te leven. Zo brengen wij je in contact met een breed scala aan wijsheid, waaruit je zelf kunt kiezen wat bij jou past. Kijk voor meer informatie op www.ankhhermes.nl, volg ons op Facebook (Facebook.com/AnkhHermes), Twitter (@ankhhermes) of schrijf je in voor onze digitale nieuwsbrief via onderstaande QR-code.

Saskia van Velzen

Lachyoga

Lachen zonder reden

AnkhHermes

CIP-gegevens:
ISBN: 9789020210651
E-ISBN: 9789020210668
NUR 860
Trefwoord: lachyoga/lachen

© 2014 AnkhHermes, onderdeel van VBK|media, Utrecht

Inhoud

Inleiding

*Vanaf het eerste ogenblik dat ik je boek oppakte tot ik
het weer neerlegde had ik het niet meer van het lachen. Ik hoop het nog eens te gaan lezen …*
Groucho Marx

Dank je wel voor het oppakken van dit boek. Als je al niet
van lachen houdt, dan heb je tenminste de wil om het te
proberen. Heb je goede herinneringen aan de lach? Vroeger,
met vriendinnen of vrienden op school, op kamp of op reis?
Als het goed is tovert zo'n herinnering nu weer een glimlach
op je lippen. Of zijn er misschien nare herinneringen? Wat
vervelend! Het kan zijn dat je met lachyoga een deel van
deze narigheid laat verdwijnen. Zodat de lol van het lachen
weer terugkomt.
Als kind heb ik veel gelachen. Toch is er zeker ook een tijd
geweest zonder de lach. Echtscheiding, verlies van mijn
bedrijf, overspannen, het was niet echt om te lachen. Later
leerde ik lachyoga kennen. Ineens viel het kwartje. Ik hoef
niet te wachten op een reden om te lachen, ik kan gewoon
lachen zonder reden. De omstandigheden hoeven mij niet te
leiden, ik hoef me niet te voegen naar de omstandigheden.
Dit laatste past trouwens prima bij mijn opstandige natuur.
Lekker lachen om niets, gewoon omdat ik daar zin in heb.

SMILE
Een aantal jaren beoefenen van lachyoga leverde me een
eigen systeem op, SMILE. De letters staan voor vijf stappen

die, bij oefening, in *no time* een glimlach op je gezicht brengen. Dit boek heb ik opgebouwd volgens deze formule. SMILE staat voor:

Stop. Sta even stil bij wat je doet. Weet waar je mee bezig bent. Bezie de omstandigheden.

In het eerste deel van dit boek vindt u achtergrondinformatie. Wat is lachyoga nu precies en wat zijn de voordelen ervan?

Motiveren. Hoe motiveer je jezelf om door te gaan, om in beweging te blijven, om toch te lachen ook als er niets is om te lachen? Lachclubs helpen bij het gemotiveerd blijven om te lachen. Wanneer je de vraag kunt beantwoorden waarom je zelf workshops zou willen geven, dan heb je ook je motivatie te pakken.

Inspireren. Waarmee inspireer je anderen? Waarmee help je hen en jezelf verder? Je richten op de toekomst, doelen stellen en uitvinden wat jouw unieke bijdrage is, zijn de inspirerende hoofdstukken van het derde deel.

LOL. In sms-taal is dit de afkorting voor *Laugh out loud*. Lach hardop. Ik vertaal het ook wel met 'Laat het los'. Ga uit je dak, trek je niets aan van de rest van wereld, maak geluid en lach hardop. Het is goed, gezond en lekker.

Het vierde deel beschrijft de praktijk. Hoe werkt een lachsessie, hoe leid je een workshop? Ook kun je hier handig de 40 basisoefeningen terugvinden.

Energie. Weet dat alles energie is. Je krijgt terug wat je erin stopt. Geeft het leven je maar matig plezier? Dan moet je misschien eens kijken naar hoeveel plezier je erin stopt. Geef 100%. Krijg 100%.

Wil je geld verdienen met dit vak dan is dit laatste deel interessant. Geld is tenslotte een van de meest variabele en dynamische vormen van energie.

Ik hoop dat je het boek gebruikt. Dat het beduimeld, met ezelsoren en koffievlekken naast je op de bank of op tafel ligt. Ik zie voor me hoe je het boek oppakt als je de grap van het leven even niet begrijpt of omdat je met de tips verder komt met je bedrijf. Ik hoop overigens niet dat je het erg vindt door mij met 'jij' aangesproken te worden. Met dat 'jij' zet ik een stapje dichterbij. Een nauw contact is tenslotte een van de belangrijkste pijlers waarop de lach kan bestaan. Ik wens je heel veel plezier met dit boek.

Saskia van Velzen
lachcoach

Stop

De lach

Lachen en huilen zijn allebei een reactie op dezelfde frustratie en uitputting. Ik heb een voorkeur voor lachen. Dan hoef je achteraf de rommel niet op te ruimen.
Kurt Vonnegut

Slappe lach

Ken je dat, de slappe lach? Ik heb goede herinneringen aan vroeger, toen ik met mijn beste vriendin regelmatig de slappe lach had. We lachten om niets en om alles, heerlijk. Tijdens de slappe lach is het net of je elkaar volkomen begrijpt en aan een woord of gebaar genoeg hebt. Alles wat dan op je pad komt, is een reden om te lachen.

Ik herinner me een keer dat we op vakantie waren, mijn vriendin en ik waren een jaar of acht, en we gingen boodschappen doen in het plaatselijke dorpje. Zo kwamen we ook bij de plaatselijke slager, een grote man zoals het een slager betaamt. Wij giebelden sowieso al de hele tijd, maar toen de vriendelijke man met een piepstem vroeg: 'Dames, zegt u het maar', bescheurden we het helemaal. Zo'n grote man met zo'n klein stemmetje! Wij zijn de winkel uitgerend en hebben de moeder van mijn vriendin het voor ons op laten lossen.

Ook lag ik vaak in een deuk met een andere vriendin op de lagere school. We zaten achter in de klas en dachten werkelijk dat niemand het in de gaten had. Er werd verwacht dat we stil waren, met de armen over elkaar rustig luisterden naar de docent. Gelukkig was het ons laatste jaar en werd er veel door de vingers gezien. Wat moet ons schoolhoofd het af en toe moeilijk hebben gehad met ons.

In India zag ik een filmpje van lachyoga op een lagere school. Daar werd met alle leerlingen opzettelijk gelachen, 's morgens en aan het einde van de dag. Een docente stond dan voor de microfoon bij de administratie en vertelde welke lachoefening er gedaan werd. De leerlingen deden in hun eigen klassen de oefeningen allemaal mee. Ook de docenten deden mee. Achteraf werden het schoolhoofd en een ouder aan het woord gelaten. Beiden gaven aan dat de lachyoga een fantastische aanvulling was op het reguliere programma. Leerlingen bleker alerter te zijn, beter te presteren en het pestgedrag verminderde drastisch.

Lachen is gezond

Door de ontspanning die optreedt door te lachen is het mogelijk alerter en meer aanwezig te zijn. Je hersenen hebben 25% meer zuurstof en energie nodig dan de rest van je lichaam, door de huidige maatschappij waarbij we meer denken dan voelen. De lach zorgt ervoor dat je hersenen van meer zuurstof worden voorzien. Daarnaast maak je endorfine aan, een pijnstillend hormoon waarbij je je heel goed voelt. Ze noemen dit ook wel het gelukshormoon.

Door te lachen maak je contact. Ik herinner me dat ik me tijdens flinke lachbuien volkomen in contact voelde met de ander. Ik kon denken wat zij dachten en voelen wat zij voelden. Daarom was het niet meer nodig om iets te zeggen maar was een blik of een vingerwijzing genoeg om weer in de lach te schieten. Zoals blijkt uit het onderzoek op de Indiase school vermindert de lach ook het pesten. Dat kan ook niet anders. Je gaat met je beste vriendin toch geen ruzie maken? Of anders leg je het weer heel gauw bij.

Lachen is dus zowel fysiek als sociaal gezond. Mensen met een goed sociaal netwerk zijn over het algemeen ook fysiek gezonder. En fysiek gezondere mensen hebben vaak een beter sociaal netwerk. Voor ons algehele welzijn is het netwerk heel belangrijk. Door samen te lachen creëer je snel een gevoel van verbondenheid en dit helpt je bij het in stand houden of vergroten van de groep mensen om je heen die er toe doen.

Humor

Humor wordt gezien als de belangrijkste bron voor de lach. Toch is dit wonderlijk. Stel je voor dat je in het theater zit, de plek waar de humor opzettelijk wordt toegediend. Je zit heerlijk onderuit in je stoel in afwachting van een avondje vermaak. De artiest plaatst een goede grap en de zaal lacht. Wat gebeurt er dan precies? Je hersenen vangen het signaal van de goede grap op. Ze gaan hierover nadenken, in sneltreinvaart wordt bekeken of de grap wel past bij jouw wereldbeeld en of je hem niet al eens eerder gehoord hebt, want dan gaat de lol er ook af. Als het is goedgekeurd dan zakt de boodschap naar ergens in je buik en komt de reactie terug. Je lichaam komt in beweging en produceert een beweging en een geluid: 'hahahaha'. Zoals je ziet is dit een lange weg en is er geen garantie voor succes.

Bij de lachyoga slaan we deze lange weg over en beginnen we onderaan, in de buik. We maken een beweging en een geluid: 'hahahaha'. Deze lach is niet echt want dat lukt niet in het begin. Maar de grap hiervan is dat je lichaam dat niet door heeft – sssst! – en toch begint met het aanmaken van endorfinen die zorgen voor de ontspanning. Daarnaast komt ook de humor hier weer terug, maar dan is de beweging de andere kant op. Vanuit de lach borrelt de humor omhoog. En dit is precies dezelfde humor als tijdens de slappe lach van vroeger. Je hoeft elkaar maar aan te kijken en je weet precies waar het over gaat. Je kunt je wel voorstellen dat theaterhumor best stevig en soms grof moet zijn om tot ons door te dringen, om die lange weg succesvol af te kunnen leggen. Bij mijn lachworkshops zie ik dat de humor die ontstaat bij de beoefening van de lach veel vriendelijker van aard is en niet ten koste van anderen gaat.

Regelmatig lachen

Hoe zou het zijn als lachen een onderdeel van je dagelijks leven zou zijn? Net zo'n routine als tandenpoetsen bijvoorbeeld? Wat zou er dan veranderen in je leven?

Voor mij is de lach onderdeel geworden van mijn dagelijks leven. Waar ik vroeger samen met vriendinnen vanzelf de slappe lach had, lig ik nu zelfs gemakkelijk in m'n eentje dubbel. Het is heerlijk om met anderen te lachen, de lach werkt aanstekelijk en is fijn om te delen. Maar niet altijd zijn lachende mensen voorhanden en dan is het een goed idee om het zelf te doen. Ook door het geven van de workshops word ik regelmatig met mijn neus op de lach gedrukt. Iedere dag ten minste een uur lachen door het geven van een workshop maakt dat de lach steeds meer bij me past en onderdeel is van mij. Ik merk het vooral doordat ik minder snel ziek ben, sneller herstel als ik dat wel ben, me vrolijker voel en mijn netwerk sinds de periode dat ik lach is uitgebreid met leuke, bijzondere en stimulerende mensen.

Het beoefenen van de lach heeft een heel scala aan voordelen. Deze worden beschreven in het hoofdstuk over de voordelen van lachyoga. Kort samengevat: je maakt endorfinen aan, je voelt je gezonder, fitter, je maakt gemakkelijker contact met de mensen om je heen, je netwerk verstevigt en je kunt betere prestaties leveren.

Professioneel lachen

Mensen zeggen vaak tegen me: 'Dat is lachen' als ze horen wat mijn werk is. En dat klopt, het is ook lachen. Maar de lach is ook 'serious business'. De lach professioneel inzetten betekent dat je mensen echt kunt helpen met het meest eenvoudige en toegankelijke instrument dat ik kan bedenken. We leven in een tijd waarin de crisis zorgt voor een sombere sfeer. Meer en meer mensen raken hun baan kwijt, hebben het moeilijk en wat er dan gebeurt is dat de rimpels op het voorhoofd groter en groter worden en de lach verdwijnt. Maar de lach is juist hét instrument om het leven het hoofd te bieden, beter aan te kunnen, minder zwaar te nemen en een gevoel van geluk te bewerkstelligen.

Gelukkig is er een tegenbeweging gaande. De berichten die je op bijvoorbeeld Facebook ziet zijn doorgaans heel positief. Ik weet wel dat er mensen zijn die vinden dat dit 'nep' is, maar als we elkaar blijven bestoken met positieve berichten dan kan dit misschien in ons lichaam en in ons leven integreren. Het is een goede tegenhanger voor het nieuws op radio, televisie en in de krant waar de meldingen gaan over moord, doodslag en andere ellende. Gelukkig is het 'nieuws' omdat het niet normaal is, maar als je alleen maar dit soort nieuws hoort dan zou je haast denken dat dit wél normaal is.

Mijn tip is dan ook om de krant een poosje niet te lezen, of hooguit de bijlage 'vrouw' of iets dergelijks, en op de radio en tv het nieuws maar even uit te schakelen.

Helpen

Wees je ervan bewust dat je met de lach heel veel mensen in allerlei groepen kunt helpen. De lach is zo'n krachtig instrument dat het vaak meer doet dan je zelf zou denken. Ik help sputterende teams in organisaties weer met plezier samen te werken. Mijn focus ligt bij organisaties met grotere teams omdat ik denk dat daar de verbinding momenteel heel hard nodig is. Er vinden veel reorganisaties plaats en mensen moeten opnieuw leren samen te werken en verbinden. Bestaande teams worden uit elkaar gerukt en in nieuwe samenstellingen moeten ze er maar weer wat van zien te maken. Bedrijfsculturen worden door elkaar gehusseld, mensen zijn niet meer zeker van hun baan en de productiviteit moet verder worden opgekrikt.

Zoals blijkt uit een onderzoek uit 2012 van een psychologiestudent uit Leuven, is lachen op de werkvloer heel gezond. Op het moment dat mensen met elkaar lachen, zijn ze bezig zich met elkaar te verbinden en kunnen ze weer een team vormen. De lach helpt ook bij het verbeteren van de prestaties; mensen zijn geneigd een stapje extra te doen wanneer er een plezierige werksfeer heerst.

Daarnaast help ik yoga- en meditatiedocenten met het creëren van meer omzet uit hun werk. En dat met meer plezier. Deze mensen hebben een prachtig beroep, maar vaak hebben ze geen idee hoe ze het zakelijk kunnen aanpakken. De belangrijkste lessen die ik geleerd heb op dit gebied geef ik graag door. Ook geef ik de opleiding tot Laughter Yoga Leader, zo krijg jij als yoga- of meditatiedocent een extra tool in handen om meer en andere klanten naar je praktijk te trekken.

Vereenvoudigen

Het leven is al ingewikkeld genoeg. Veel tradit250es, geloven, goeroes, heiligen en anderen prediken de vereenvoudiging van het leven. Jezus zei al: 'Kijk naar onze kinderen en leer daarvan'. De lach is het meest eenvoudige, haast primitieve, en meest toegankelijke instrument om het leven te vereenvoudigen.

Door goed te lachen kom je in het magische nu, waar veel mensen naar op zoek zijn. Eckhart Tolle schreef erover in zijn boek *De kracht van het nu*. Toch vond ik dit een heel ingewikkeld boek, terwijl het nu zo simpel te bereiken is. Je hoeft alleen maar te lachen. Denk maar even terug aan de slappe lach. Dan ben je in het nu, er is even niets anders. Stel je voor dat je de slappe lach hebt en ondertussen denkt aan je boodschappenlijstje. Dat gaat niet samen.

In de oertijd was een lach, of toen waarschijnlijk een oerlelijke grijns, het sein dat het veilig was en dat je de groep kon benaderen. Deze signalen zijn opgeslagen in de oerdelen van onze hersenen en die herkennen we nog steeds. Wanneer je samen lacht dan voel je je veilig. Wacht dus niet op momenten dat je je veilig voelt, of op de juiste humor om te gaan lachen. Maar lach om het lachen zelf, zodat je je vanzelf veilig gaat voelen en de humor een onderdeel van je leven wordt.

Missie

Ik heb een tijd nagedacht over mijn basis en mijn missie. Wat wil ik nu bereiken met al dat lachen? Wie is daarbij gebaat, wat wil ik zelf en wat wil ik van de wereld? Welke wereld hoop ik te creëren met de lach? Ik vind het woord 'happy' in het Engels beter bij mij passen dan 'geluk' of 'vrolijk' of 'blij' in het Nederlands.

It is my mission to create a happier world by helping people to create their own happiness.

Door mensen te leren de kracht van de lach in te zetten in hun leven creëren zij, in mijn beleving, een betere wereld, waardoor zij anderen inspireren om meer te lachen zodat zij op hun beurt een betere wereld creëren. Mijn visie is dat iedereen in staat moet kunnen zijn om geluk, of liever *happiness* te ervaren in zijn leven.

Wil jij met mij op jouw manier de lach verspreiden en bijdragen aan een gelukkigere wereld?

Wat is Lachyoga

Lachyoga is een universele beweging voor gezondheid, vreugde en wereldvrede.
Madan Kataria

Lachen zonder reden

Lachen zonder reden is lachen om het lachen zelf. Misschien ken je zelf van vroeger, of minder lang geleden, het hebben van de eerder genoemde 'slappe lach'. Dit is zo'n moment dat je lacht zonder reden. Het kan met een reden begonnen zijn, maar daarna hoef je elkaar maar aan te kijken en de lach komt vanzelf weer opzetten.

Bij de lachyoga maken we geen gebruik van comedy, grapjes of moppen om de lach op te wekken. We lachen als oefening, met beweging en geluid. Een lach zonder reden. Het is namelijk niet nodig om een reden te hebben om te lachen; door het lachen zelf gaan we ons goed voelen. Zoals eerder gezegd, een mop moet zelfs vaak vrij 'hard' zijn om tot ons door te dringen. Onze hersenen moeten flink aan de slag. Eerst eens denken of het wel leuk is, past bij je wereldbeeld, heb je de mop niet al eens eerder gehoord? Dan zakt het gevoel af naar beneden naar je buikstreek en er komt een fysieke reactie terug: 'Hahahaha.' Als het echt leuk is dan kun je zelfs schuddebuiken van het lachen. Dit is echter een lange weg.

De weg van lachyoga is er een van het doen bewegen van de buikstreek, schuddebuiken, en produceren van geluid in de vorm van 'hahahaha'. Daardoor sla je een heel stuk van de weg over en is de weg naar de slappe lach ook gelijk een stuk korter geworden. Wel is het daarvoor prettig als je met meer mensen bent. Door het oogcontact ontstaat de spontane lach.

Lachen als oefening

De lach als oefening bestaat uit twee onderdelen: ademhaling en geluid. De ademhaling zorgt ervoor dat ons lichaam in beweging komt. Bij een gezonde ademhaling ligt de nadruk op de uitademing. Hoe kun je nu beter uitademen dan door eenvoudig te lachen? Het is zo simpel. Het geluid is ook eenvoudig: 'Hahaha, hohohoho, hihihi.' Deze geluiden geven ieder een eigen gevoel.

Doe maar eens mee met deze korte oefening. Haal een keer diep adem. In en uit. Adem vervolgens eens diep in en maak op de uitademing een geluid. 'haaaaaaah.' Doe dit nog eens, maar zeg dan twee keer 'haaaah haaaaah.' Bij de lachclub doen we deze oefening staand en buigen voorover bij het zeggen van 'haaah.' De derde en laatste keer adem je nog eens diep in en bij de uitademing zeg je 'hahahahahaha'. En laat los. Houd bij deze oefening je aandacht bij je buik. Het is belangrijk dat je hele lichaam betrokken is bij het lachen, zo komen alle voordelen aan bod. Door je aandacht bij je buik te houden, gaat dit heel eenvoudig. Je ademhaling legt de langste weg af en je lichaam is als vanzelf betrokken bij je actie. Als je deze oefening zittend doet, zonder te buigen, dan kun je bij de laatste ademhaling ook je buik of lichaam meebewegen. Zeg maar: schuddebuiken.

Ademen

Uitademen is de link met yoga. Het heet namelijk lachyoga omdat het gebruik maakt van de ademhalingsoefeningen uit de yoga waarbij de nadruk ligt op uitademen. Uit allerlei meditatievormen zijn veel ademhalingsritmes bekend waar de nadruk ligt op de uitademing. Door deze uitademing verlaten de overgebleven afvalstoffen in je longen je lichaam waardoor er vanzelf ruimte ontstaat voor zuurstofrijke lucht. Je kunt wel diep inademen, maar als daar een residu van afvalstoffen zit dan is er geen ruimte om de zuurstof toe te laten. Zoals voor veel dingen geldt, moet eerst het oude weg voor er ruimte is voor het nieuwe. Zo ook voor zuurstof. Oude rommel eruit, nieuwe schone energie erin. De lach is een eenvoudige manier om de uitademing te stimuleren. Daarom voel je je ook zo goed na een lachbui, je bent dan opgeschoond en fris. Ademhalen is sowieso van belang voor het leven. Als we dit nu doen met veel plezier: door te lachen, dan is ademhalen en dus het leven, nog leuk ook.

Oefen maar eens kort met deze ademhaling. Laat de tellen even lang duren, maar doe dit in je eigen tempo, vier tellen inademen, vier tellen vasthouden, zes tellen uitademen en twee tellen vasthouden. Doe dit één minuut lang, of in een cyclus van vier keer en kijk dan eens hoe je je voelt. Goed?

Lachen is aanstekelijk

Geeuwen is aanstekelijk, lachen is aanstekelijk. Door onze spiegelneuronen hebben we de neiging en de mogelijkheid om andere mensen in gedachten 'na te doen'. Dit zorgt ervoor dat we kunnen invoelen hoe iemand zich voelt en dit helpt ons weer om situaties in te kunnen schatten. De spiegelneuronen zijn dus van onschatbare waarde. Als iemand lacht en dit wordt door onze neuronen in ons gespiegeld, dan worden ook onze leuke herinneringen als het ware 'aan' gezet. Herinneringen aan momenten van de slappe lach, vroeger met vrienden of vriendinnen, vliegen als vanzelf omhoog waardoor de lach nog meer waarde krijgt.

Zoals gezegd was in de oertijd een lach of grijns het signaal voor 'veilig'. Hierdoor wist je als oermens dat je bij de groep welkom was en als een van hen werd beschouwd. Deze oersystemen zitten stevig in ons verankerd. Dus als we iemand zien lachen – speciaal naar ons! – dan voelen we ons daar prettig en veilig bij. Als vanzelf lachen we terug om te laten zien dat we het hebben begrepen en ons een van hen voelen. De spiegelneuronen zorgen ervoor dat dit vanzelf gaat.

Plezier

Plezier kun je dus letterlijk maken door samen te lachen. Een van de mythen is dat je plezier moet hebben om te lachen, dat de lach een reactie is op wat je doet. Maar de lach zorgt er juist voor dat je plezier hebt. Kun je je herinneren dat als je plezier hebt, je even compleet in het nu bent? Dat je niet denkt aan boodschappenlijstjes, zorgen voor morgen en andere dingen? Dit gebeurt ook wanneer je lacht. Je komt in het nu.

Plezier is niet iets wat je hoeft te verdienen, wat je krijgt van buitenaf of waar je afhankelijk van anderen voor bent. Plezier is juist iets wat je zelf kunt doen, kunt maken en kunt creëren. Door de lach in te zetten, maar ook door bewust prettige gedachten te denken. Herinner je je het verhaal van Peter Pan? Hij kon vliegen door prettige gedachten te denken. Alle prettige gedachten zijn die waar je mondhoeken omhoog van gaan krullen en waarvan je vleugels krijgt. Later is op dit verhaal van Peter Pan een mooi vervolg gekomen, verfilmd als *Hook* met Robin Williams in de hoofdrol. In deze film was Peter Pan volwassen geworden en had hij heel veel moeite om weer bij die prettige gedachten te komen. Het lijkt erop dat als we volwassen worden we ons laten meeslepen door problemen, lasten en ingewikkelde dingen, waardoor prettige gedachten geen ruimte meer krijgen en het lachen ons vergaat. De kunst is om een besluit te nemen en de lach op te wekken.

Ontspanning

Lachen werkt ontspannend, maar hoe werkt dit precies? Het is zoiets als sporten. Door de inspanning ontstaat daarna de ontspanning. Dit heeft alles te maken met de ademhaling waar we het eerder over hadden en de afvalstoffen die je lijf verlaten. Daarnaast worden je gedachten op een ander spoor gezet en wordt het leven een stukje lichter en luchtiger. Dit alles werkt heel ontspannend.

Na een lachworkshop zijn mensen ook weleens moe. Dit is ontspanning in een wat verder stadium. Dit ontstaat wanneer er onderdrukte vermoeidheid is. Zelf was ik de eerste periode na de cursus behoorlijk moe, er bleek heel veel onderdrukte vermoeidheid te zijn die door de lach naar boven kwam. Door het te ondergaan, veel te lachen en veel te slapen (beide goed voor een mens), is mijn energieniveau met sprongen gestegen.

Ontspanning is belangrijk, dat weten we allemaal. Maar we hebben de neiging dit te zoeken in 'slechte' dingen zoals hangen op de bank voor de buis. Samenzijn en lachen geeft veel meer ontspanning. Net zoals sporten overigens, dit is ook heel goed. 's Avonds sporten geeft ontspanning achteraf én verbranding van de calorieën terwijl je slaapt. Dit proces wordt 'nabranden' genoemd. De lach wekt dit ook op. Er wordt wel gezegd dat één minuut lang, of honderd keer goed lachen, gelijkstaat aan tien minuten roeien op een roeimachine in de sportschool.

Positief

Dat lachen positief is, dat weten we allemaal. Maar hoe komt dit? Door te lachen gebeuren er een aantal dingen op fysiek, emotioneel en sociaal gebied. Op het fysieke gebied maak je endorfinen aan, ook wel 'gelukshormonen' genoemd, je ademt de afvalstoffen uit je lijf en je ontspant. Emotioneel zorgt het voor een andere levenshouding. We denken dat gelukkige mensen vaak lachen maar het is echt andersom. Lachende mensen zijn gelukkiger. Ik heb dit zelf ervaren toen ik in mijn leven voor flinke uitdagingen kwam te staan. Mijn hutje in het bos, mijn auto en mijn verwarmingsketel leken alle drie tegelijk onder mijn handen in te storten. 'Mevrouw, dat kost geld, heel veel geld', was de boodschap van alle reparateurs en bedrijven die ik nodig had. Gelukkig kon ik regelmatig op pad om te lachen met diverse groepen zodat ik mijn energie goed hoog kon houden. En wat gebeurde er? Alle problemen losten zich als het ware vanzelf op. Ik moest natuurlijk wel actie ondernemen, maar het was lang zo zwaar niet als wanneer ik de problemen heel serieus had genomen en er diep in was gegaan.

Daarnaast is lachen heel goed voor je sociale ontwikkeling. Het zorgt voor connectie, een contact op wezenlijk niveau. Wanneer je lacht dan geef je iets van jezelf bloot, waardoor de ander meer van jou ziet dan normaal. En vice versa. Zo maak je op een dieper niveau dan gebruikelijk contact. Ik zeg altijd: 'Samen gelachen = vriendjes.' Je maakt minder snel ruzie na zo'n ervaring, want ruzie past niet bij lachen.

Manier van leven

Regelmatig de lach oefenen zorgt ervoor dat je leven leuker wordt. De lach kan geïntegreerd worden in je dagelijkse leven waardoor de lach, contact en het brengen van positieve energie een manier van leven worden.

Doordat ik zoveel op pad ga om mensen kennis te laten maken met de kracht van de lach, lach ik zelf zo veel dat het leven mij weer toelacht. Alles versimpelt, zelfs de ingewikkelde dingen die op mijn pad komen lijken minder zwaar en lastig te zijn dan ze zich ze in eerste instantie voordoen. Ik ben meer in het nu, het magische nu dat mensen vaak zoeken maar waarvoor je alleen maar hoeft te lachen om er te zijn. Dit boek schrijf ik in het nu. Alleen bezig met dat wat er is.

Er ontstaat meer contact. Doordat ik ben gaan lachen, heb ik zoveel meer interessante mensen ontmoet en heb ik hele bijzondere contacten over de hele wereld. Mensen die mij bijstaan, mijn projecten ondersteunen en met alle liefde helpen daar waar nodig is.

Praktisch zorgt de lach ervoor dat ik beter slaap. Omdat ik me minder zorgen maak, maar ook omdat ik me gezonder voel, slaap ik beter. Daardoor ben ik overdag weer fitter en alerter en kan ik weer meer in het nu zijn. Een positieve vicieuze cirkel.

Een oefening is om iedere dag tien minuten te lachen, samen of alleen. Als je dit gaat doen dan zul je zien dat je leven met sprongen verandert en verbetert. Om een reden te hebben om dit te doen zou je het lachen kunnen opnemen. Je kunt ook afspreken met een vriend of vriendin om elkaar iedere dag te bellen of te *skypen* en alleen maar met elkaar te lachen. Er zijn *skype* lachclubs die over de hele wereld met elkaar lachen. Ook daarbij kun je je aansluiten als je wilt. Het helpt als je je verbindt en iemand vertelt dat je dit doet. Dan houd je je er gemakkelijker aan. Mail mij als je je wilt verbinden aan de lach en de lach wilt beoefenen. Ik houd je scherp door je berichten te sturen en je eraan te herinneren. Ook kunnen we samen lachen.

Gezond

De fysieke gezondheid van lachen wordt vooral veroorzaakt door zuurstof. Dr. William Fry deed veel onderzoek naar de toename van de opname van zuurstof en de effecten hiervan op het fysieke gestel. Een diepere ademhaling zorgt ervoor dat het residu, de overblijvende afvalstoffen, uit de longen verdwijnt en vervangen wordt door zuurstofrijke lucht. Een normale ademhaling vult de longen met 25% van onze totale longcapaciteit. In de overige 75% blijft oude onverwerkte lucht achter. De ademhaling wordt nog oppervlakkiger wanneer we stress ervaren. Om onze longen gezond te houden en van genoeg zuurstof te voorzien om ook op piekmomenten te functioneren moeten we dieper ademhalen om de oude resterende lucht uit onze longen weg te werken.

Het geheim van een diepere ademhaling is meer uitademen dan inademen zodat we de oude, koolstofdioxide bevattende, lucht kwijtraken. Wat zou nu de meest eenvoudige manier kunnen zijn om uit te ademen? Lachen! Lachen is de snelste en gemakkelijkste manier om langer uit te ademen en onze longen te reinigen. Diepe ademhaling gaat dus niet over inademen, maar juist over uitademen.

Dr. Kataria

Dr. Madan Kataria was een huisarts in India. Daarnaast was hij hoofdredacteur van een wetenschappelijk tijdschrift. Hiervoor was hij een artikel aan het schrijven over de kracht van de lach. Er werd namelijk veel onderzoek naar gedaan en hij was hierdoor gefascineerd. Hij werd zo gegrepen door de beschreven positieve effecten dat hij besloot dit aan den lijve te ondervinden.

Op 13 maart 1995 ging hij naar een naburig park in Mumbai en vond een viertal mensen bereid mee te doen met een experiment. Met vijf mensen begonnen ze de allereerste lachclub ooit. Nu zijn er meer dan 7000 lachclubs verspreid over 70 landen, en dit aantal groeit voorlopig flink.

De meeste onderzoeken werden toen gedaan in een ziekenhuisomgeving, waar de lach werd ingezet om te genezen of te helen. Maar dr. Kataria besloot dat de lach preventief in-gezet moest worden. In eerste instantie creëerden ze de lach net zoals dit gedaan werd in de onderzoeken, door het gebruik van humor. De deelnemers stonden in een kring, er stapte iemand naar voren die een mop vertelde, en iedereen lachte. Na twee weken was de groep wel groter geworden, maar er haakten ook weer mensen af. De moppen waren niet leuk, of soms zelfs beledigend. Dit was niet de bedoe-ling.

Dr. Kataria dook opnieuw in zijn geschriften en vond het artikel waarop nu de lachclubs gebaseerd zijn. Je lichaam kan het verschil niet onderscheiden tussen echt en 'nep' la-chen. Ook als je doet alsof, dan maakt je lichaam endorfinen aan, je krijgt je 'work-out' en je maakt beter contact.

Hij vroeg de groep het nog een keer te proberen en deze keer te lachen zonder reden. Gewoon, elkaar aankijken en lachen. De groep begon voorzichtig, maar allengs werd de lach sterker, en door het elkaar aankijken nog sterker, totdat na ruim tien minuten de lach minderde. Zo werd lachen zon-der reden geboren.

Zijn vrouw, Madhuri Kataria, was yogadocente en samen ontwikkelden zij wat nu 'lachyoga' heet. Ademhalen en ple-zier maken gaan heel goed samen.

Voordelen van lachyoga

Het leven is een kind dat aan je voeten speelt, een stuk gereedschap dat je stevig in de hand hebt, een bank waarop je 's avonds in de tuin zit.
Jean Anouilh

Work-out

Er wordt gezegd dat één minuut goed lachen gelijkstaat aan tien minuten roeien op een roeiapparaat in de sportschool. Een van de onderzoeken spreekt over 'honderd keer lachen', maar als je goed hartelijk lacht dan haal je gemakkelijk honderd keer in één minuut.

Je haalt dieper adem, je neemt meer zuurstof op, je werkt je afvalstoffen eruit, je stofwisseling komt op gang, je hartslag neemt toe en je gaat ervan zweten. Je gebruikt onvermoede en onverwachte spieren. De lachspieren zitten vooral in het gezicht rond de ogen en in de buik. Er wordt gezegd dat tien minuten goed lachen zorgt voor een verbranding van vijftig calorieën. Na een goede lachbui heb je zin in gezond eten. Na de inspanning komt de ontspanning en kun je je heerlijk voelen. Je voelt je relaxed en je kunt de hele wereld aan.

Zuurstof

Bewegen alleen al maakt dat we onze stofwisseling op gang brengen. Door het extra uitademen dat we doen tijdens een lachsessie raken we de overtollige afvalstoffen kwijt en kan schone, frisse, gezonde zuurstof ons lijf voorzien van de nodige brandstof. Zuurstof is een hele belangrijke vervoerder van allerlei nuttige stoffen in ons lijf en zorgt voor een juiste stofwisseling.

In het vorige hoofdstuk schreef ik al iets over de ademhaling en het belang van zuurstof. Je hersenen hebben 25% meer zuurstof nodig dan de overige delen van het lichaam om te kunnen presteren in deze maatschappij. Lachyoga helpt om de zuurstof naar de juiste plekken van het lichaam te transporteren om zo de optimale voordelen te ervaren.

Hart

Stel je voor dat je in een heerlijke lachbui zit. Je hebt bijvoorbeeld de slappe lach met je beste vriendin. Wat gebeurt er dan met je hartslag? Deze stijgt, je loopt daarbij rood aan en je begint te zweten. Je stofwisseling komt op gang. Het stijgen van je hartslag is prima, door onze zittende levens gebeurt dit veel te weinig. Lukt het niet om te gaan sporten, lach dan ten minste tien minuten per dag om je stofwisseling te helpen en je hart te laten spreken.

Doordat je als het ware sport door goed te lachen, neemt je hartslag toe. Dit is heel gezond omdat het de stofwisseling bevordert. Daarnaast is uit onderzoek gebleken dat je bloeddruk afneemt of nivelleert. Dus ook voor mensen met een lage bloeddruk is het prima om te lachen, de bloeddruk wordt dan tot een juist niveau opgetrokken.

Vage klachten

Mensen hebben vaak vage klachten. Een buikpijntje hier, lichte hoofdpijn in het weekend, een spiertje in een been dat trekt. Herkenbaar? Kijk ook eens naar je koffiepatroon. De meeste weekendhoofdpijnen worden veroorzaakt door koffie op een later tijdstip te nemen dan gebruikelijk en kunnen voorkomen worden door óf doordeweeks later te beginnen met koffiedrinken óf in het weekend eerder.

Maar daarnaast is de lach heel goed om vage klachten en kleine kwalen te laten verdwijnen. Door alle hiervoor beschreven fysieke verbeteringen, het verhogen van de hartslag, verbeteren van de stofwisseling en het inademen van meer zuurstof nemen de klachten vaak vanzelf af. De disbalans in je lijf wordt als vanzelf opgelost, gewoon door te lachen.

Nog eens oefenen? Kijk recht naar voren en trek je mond-hoeken licht omhoog. Voel wat dat doet. Trek nu je ogen naar een lach. Voel hoe je mondhoeken vanzelf iets meer omhoogkrullen. Denk aan een prettige gedachte, een lach-bui van vroeger of een heerlijke zoen met die fantastische man of vrouw. Totaal hoeft dit maar dertig seconden te du-ren om een heel ander gevoel te bewerkstelligen in je lijf. Stel je voor dat je deze lach nu eens tien minuten voluit lacht, dan wordt er heel veel energie omgezet.

Vrolijk

'Ik ben vandaag zo vrolijk, zo vrolijk, zo vrolijk, zo vrolijk was ik nooit!' Dit zong Herman van Veen als Alfred Jodocus Kwak. Voor kinderen maken we veel programma's waarin vrolijk zijn een belangrijke waarde is. Waar zijn we deze waarde in ons volwassen leven kwijtgeraakt? Wat wij onze kinderen bij willen brengen, is dat vrolijk zijn goed is. Alfred Jodocus Kwak deed hier dan ook nog een dansje bij.

Motion creates emotion. Oftewel, beweging creëert emotie of gevoel. Door ons lijf in beweging te brengen, gaan we ons anders voelen. Door dansen, huppelen en vrolijk bewegen, gaan we ons vrolijker voelen. De *happy cells* worden aange-raakt. Het is net of ze zeggen: 'Als jij je vrolijk gedraagt, dan doen wij dat ook'. En je gaat je vanbinnen ook vrolijker voe-len. Jouw houding bepaalt dus een belangrijk deel van je gevoel.

Probeer nu bij wijze van tegenstelling eens een depressieve gedachte uit. Ga depressief staan. Dus: gebogen houding, schouders naar voren, hoofd laten hangen. Doe er een flinke deprimerende gedachte bij. Zie je dat gebogen staan vanzelf gaat? Houd de depressieve gedachte vast maar pas je houding aan. Recht je rug, hoofd omhoog, schouders naar achteren, borst vooruit en billen in. Voel je hoe moeilijk het is om de gedachte vast te houden? Denk dan een positieve, leuke of vrolijke gedachte. Dit past gelukkig beter bij de houding die je nu hebt.

Probleemoplossend

Hoe kan lachen nu je problemen oplossen? Ook al verwacht je het niet, het is juist eenvoudig. We weten dat onze problemen niet verdwijnen door ons er druk over te maken, maar door de oplossing zichzelf aan te laten dienen. Dit gebeurt juist als we er niet aan denken. We staan onder de douche en de oplossing valt ons vanzelf in. Of we worden wakker met de oplossing voorhanden terwijl we de avond tevoren geen idee hadden. Het gebeurt dus als we in het nu zijn. Het magische nu waar veel mensen naar zoeken om antwoorden te vinden.

Als je in het nu bent dan kun je je niet druk maken. Dit hoort namelijk niet bij elkaar. Druk maken gaat altijd over het verleden of de toekomst. Hoe is het nu? Nu zit je op een stoel, heb je een boek vast, haal je adem, drink je een kop thee. *That's all.* Alle andere dingen die je zou kunnen zien als probleem zitten in je gedachten. Over gisteren of morgen. Door te lachen worden de gedachten uitgeschakeld. Niet voor altijd gelukkig, maar wel voor even. Je kunt daardoor heel simpel even in het nu zijn. En in het nu zijn alle antwoorden te vinden.

Test: Neem een probleem in gedachten. Iets waarvoor je een oplossing wilt. Geef jezelf zeven dagen om de oplossing te vinden. Beschrijf het probleem en ga staan in de houding die erbij past. Weet je nog: schouders naar beneden, hoofd omlaag. Oefen één minuut lachen. Houding rechtop, mondhoeken omhoog, maak veel geluid. Doordat het heel vreemd is om zo te lachen moet je misschien wel lachen. Prima! Langer mag. Doe dit gedurende een week iedere dag een keer. Meer is echt niet nodig. Het antwoord op je probleem komt in een onbewaakt ogenblik. Wees waakzaam!

Krachtig

Open mensen ogen krachtig. Door de lach ga je meer openstaan. Voor andere mensen en voor wat het leven op je pad brengt. De kracht zit hem in het aanwezig zijn, het aankijken van andere mensen.

De zuster van dr. Kataria was een verlegen vrouw. Ze durfde mensen niet aan te kijken, haar houding was wat gebogen en ze oogde onzeker. Mensen maakten niet gemakkelijk contact omdat ze niet bereikbaar was door haar houding. Door het bijwonen van de plaatselijke lachclub ging ze meer en meer 'open'. Ze rechtte haar rug en durfde de mensen weer aan te kijken. Zelfs zo veel dat ze een lachclub ging leiden. Doordat ze de oefeningen voor moest doen moest ze wel contact maken met de mensen om haar heen. De lach maakte het eenvoudig om contact te maken en doordat de lach weerspiegeld werd in de gezichten van de mensen om haar heen voelde ze zich veilig. Zodat ze nog meer de mensen aan kon kijken en in haar kracht gaan staan. De lach heeft haar enorm geholpen in haar leven.

Ik ontmoette de zuster van dr. Kataria tijdens de opleiding in India. Een lieve, zachte en humorvolle vrouw. Het was voor eerst dat ze de opleiding tot docent durfde te doen. Om daarna andere mensen te enthousiasmeren om ook in hun kracht te gaan staan. Ze sprak nauwelijks Engels, maar wist toch op de een of andere manier haar humor en liefde voor mensen op ons over te brengen. Zachte kracht in actie en een bewonderenswaardig mens.

Catharsis

Emotie is de basis voor de lach. We lachen omdat we zenuwachtig zijn, als reactie op iets onverwachts in onze omgeving en ontlading van spanning. De emotie zorgt voor de lach, maar de lach brengt ons ook naar de emotie. Door ons lichaam in te zetten als instrument om te lachen, te ontladen, komen we bij ons gevoel. Wanneer hier onverwerkte emoties zitten dan kan het zijn dat deze tijdens een lachbui ook naar buiten komen.

Wanneer emoties op deze manier verwerkt kunnen worden dan spreken we van catharsis. Het kan dan zijn dat de lach omslaat in een huilbui. Hier is niets mis mee, lachen en huilen zitten heel dicht bij elkaar. Denk maar aan de uitdrukking: Jantje lacht, Jantje huilt. Huilen van het lachen. Lachen van het huilen. In de hersenen zijn dit tegen elkaar aan liggende gebieden. Bij sommige mensen is deze verbinding heel krachtig en lachen ze altijd met tranen in hun ogen. Sommige mensen hebben dit af en toe. Iedereen die ooit zo'n lachbui heeft gehad weet hoe heerlijk het is. De catharsis lucht op, geeft ruimte en laat oude vastgezette emoties verdwijnen.

Verbinding

Verbinding is een heel belangrijk onderdeel van de lach. Door de verbinding voel je je niet alleen en voel je je veilig. Weet je nog dat het oersignaal voor 'veilig' de lach was? Horen lachen en zien lachen verbindt. Door het spiegelen,

zowel in geluid als in beeld, creëren we een verbinding.
Wanneer we samenkomen met een gemeenschappelijk doel
dan voelen we ons verbonden. Denk maar aan concerten,
samen mediteren, protesteren en samen zingen. Samen
doen zorgt voor een sterk sociaal netwerk wat van belang is
voor ons overleven en gevoel van veiligheid. De lach zorgt
voor een versterking hiervan.

In India zorgen de vele lachclubs voor een sterk sociaal netwerk. Met name zaken zoals zorg en ouderdom zijn daar
anders geregeld dan hier en men moet meer terugvallen op
familie en vrienden. De lachclubs verzorgen ook voor een-
zame mensen of mensen zonder familie een sterk vangnet
waarbinnen mensen zich veilig en vertrouwd voelen en waar
zij op terug kunnen vallen. Toen een van de leden van de
lachclub uit Mumbai in het ziekenhuis lag gingen alle leden
om de beurt op bezoek om haar op te vrolijken. Zo werd ze
sneller dan verwacht beter.

Aantrekkelijk

Waarom ogen lachende mensen, nagenoeg zonder uitzonde-
ring, mooi? Eigenlijk is lachen helemaal niet mooi. Je gezicht
trekt de meest wanstaltige grimassen en het geluid van iemand die in een deuk ligt, lijkt op het geluid van een jan-
kende hond of dat van een walvis. Je gezicht loopt rood aan,
je begint te zweten en met een beetje pech stromen de tranen over je wangen.

Als we zien dat anderen lachen dan komt er automatisch
een reactie van het lichaam op gang. Je krijgt zelf een glimlach op je gezicht, je spiegelt fantastisch wat je ziet, en je
lichaam heeft ook een herinnering aan eerdere momenten
waarbij je zelf zo moest lachen. Je ziet dat misschien niet als

een beeld, maar je lichaam herinnert zich het gevoel dat erbij hoort.

Kun je je herinneren hoe je vroeger slap lag van het lachen? Je hoefde elkaar maar aan te kijken, en hup, daar ging je weer. Het slap liggen van het lachen is overigens een automatische ontspanning van je lichaam om je middenrif te helpen meer afvalstoffen uit te ademen.

Echte schoonheid zit vanbinnen. Als je je lekker voelt, ontspannen alsof je de hele wereld aankunt, dan voel je je mooi. Je staat volledig in contact met de buitenwereld en met jezelf. Je straalt uit dat je lekker in je vel zit en je mooi voelt. En omdat wij dat dankzij onze spiegelneuronen herkennen, vinden wij jou ook mooi. Hoe mooi is dat?

Wetenschappelijk lachen

Ervaring is de moeder van alle wetenschap.
Miguel de Cervantes

Er is een traditioneel Apache verhaal dat vertelt dat God de mens maakte. Hij gaf de mens de mogelijkheid om alles te doen, te lopen, te praten, te horen en te zien. Maar de schepper was nog niet tevreden. Uiteindelijk gaf Hij hen de mogelijkheid om te lachen, en toen ze inderdaad lachten en lachten zei de schepper: 'Nu ben je klaar om te leven.'

Gelotologie

Gelotologie is de mooie benaming voor de wetenschap van de lach. Het is de studie van humor en de lach en de effecten daarvan op het lichaam. Het komt van het Griekse woord *gelos*, wat 'lach' of 'lachen' betekent.

De lach is een veel bestudeerd verschijnsel en er zijn veel goed gedocumenteerde onderzoeken beschikbaar. Uit de diverse studies ontstonden ook diverse therapieën en werkvormen, zoals lachtherapie, lachmeditatie en lachyoga.

Dr. Norman Cousins (1915-1990), journalist, auteur, professor bij Berkely University

Aan de Universiteit van Californië bestudeerde Cousins de menselijke emoties, waarvan hij geloofde dat ze het belangrijkste element bevatten in het bevechten van ziekten. In zijn boek *Anatomy of an illness*, uitgegeven in 1980, beschreef hij zijn ziekte die hij zelf bestreed met het toedienen van grote hoeveelheden vitamine C in combinatie met lachen. Hij ontdekte dat als hij tien minuten goed lachte, hij tot twee uur pijnvrij kon slapen. Op basis van zijn zelfonderzoek zijn vele onderzoeken gevolgd.

Dr. William F. Fry, auteur, professor bij Stanford University

Eind jaren zestig bestudeerde dr. Fry de fysiologische effecten van de lach op het lichaam. Hij wordt beschouwd als de grondlegger van de gelotologie. Hij toonde aan dat de belangrijkste fysiologische systemen in het lichaam gestimuleerd worden bij een vrolijk lachen. Ook toonde hij aan dat het 'nep' lachen dezelfde effecten in werking laat treden. Hij liet ons zien dat lachen ervoor zorgt dat ons lichaam endorfine aan gaat maken, dit is de natuurlijke pijnstiller van het lichaam en wordt ook wel het 'gelukshormoon' genoemd.

Dr. Lee S. Berk, professor bij Loma Linda University

Lee Berk werd geïnspireerd door het onderzoek van Norman Cousins. Hij bestudeerde samen met zijn onderzoekers uit het veld van de psycho-neuro-immunologie, de fysieke impact van het vrolijk lachen. In een speciale studie verdeelde hij een groep hartpatiënten in twee groepen. De eerste groep werd geplaatst onder de standaard medische zorg, de andere helft keek iedere dag een halfuur naar humoristische video's. Na een jaar had de 'humor'groep minder hartritmestoornissen, een lagere bloeddruk, een lager niveau stresshormonen en zij hadden minder medicijnen nodig. De niet-humorgroep had tweeëneenhalf keer meer terugkerende hartaanvallen dan de humorgroep (50% tegenover 20%).

Dr. Ramon Mora-Ripoll, auteur

Deze Spaanse onderzoeker maakte in 2011 een samenvatting van de bestaande literatuur over de studie van de gesimuleerde lach. Dr. William Fry ontdekte al de kracht van het doen alsof of 'nep' lachen. Mora-Ripoll concludeert dat gesimuleerde lachtechnieken eenvoudig toegevoegd kunnen worden aan traditionele behandelingen in de gezondheidszorg. Hij beveelt overigens wel verder onderzoek aan omdat er met name bij het gesimuleerde lachen nog weinig resultaten bekend zijn.

Daisy van Dessel, studente psychologie Leuven

Lachende collega's verdoen hun tijd niet. Ze zijn bezig hun prestaties op te krikken. Dit zegt Daisy van Dessel in haar masterproef psychologie in 2012. Zij interviewde voor haar proefschrift driehonderd werknemers in een tiental verschillende sectoren. Overal gaven werknemers aan dat zij door humor en lach gestimuleerd werden om het beste beentje voor te zetten. Het is wel belangrijk dat de humor een positieve insteek heeft. Lachen ten koste van een ander gaat ook ten koste van de werkmentaliteit.

Hans de Witte, professor arbeidspsychologie aan de Universiteit Leuven noemt het onderzoek uniek. Het valt binnen de richting van de positieve psychologie, een richting die de psychologie maar net aan het ontdekken is.

Eigen onderzoek

Volgens het model dat ingegeven is door dr. Kataria heb ik zelf onderzoek verricht in mijn lachyogagroepen. Het 'hoe voel je je'-formulier meet de directe effecten van lachyoga. Het is een eenvoudige meting, waarbij mensen zelf op een schaal van 1-10 hun waarden aangeven, zowel voor als na de workshop. De waarde is altijd subjectief. Wat voor de ene persoon een drie kan zijn is voor de ander een acht. Alle metingen samengevat laten een interessante score zien.

Wanneer je zelf een lachsessie ondergaat, vul dan eens het 'hoe voel je je'-formulier in. Je kunt deze vinden als bijlage achter in dit boek.

De door mij zelf gemeten resultaten liegen er niet om, de gemiddelde score laat een verbetering van 20% zien. Omdat in mijn groepen de mensen elkaar vaak wel redelijk kennen en al vrolijk aan een workshop beginnen is de stijging bij de onderdelen stemming, gevoel van optimisme en gevoel van vriendschap voor de groep relatief klein, zo'n 10%. Maar het bewustzijn van de ademhaling, het niveau van de lichamelijke en geestelijke ontspanning en het vermogen om te lachen zonder reden stijgen wel tot 30%.

Resultaten van dr. Kataria

Dr. Madan Kataria initieert regelmatig onderzoeken in India en daarbuiten. In Bangalore, waar de Laughter Yoga University is gevestigd, bevinden zich ook veel ICT-ers. Mensen in kantoren met stressvolle banen. Deze werden in 2007 aan een groot onderzoek onderworpen waar tweehonderd, normaal gezonde, ICT-ers bij betrokken waren. Zij werden verdeeld in twee groepen waarbij de eerste honderd, de controlegroep, werd verteld dat zij later lachyoga zouden gaan doen. De tweede groep deed drie keer per dag een lachyogasessie, gedurende achttien dagen. Beide groepen werden getest na iedere lachyogasessie.

Het bleek dat de lachyogagroep, ten opzichte van de controlegroep, interessante resultaten liet zien. De bloeddruk nam bij de lachers met ruim 6% af wat een indicatie is voor het verlagen van het stressniveau. De onderdruk nam ook met ruim 4% af wat ook een verlaging van het stressniveau laat zien. Bij de controlegroep gebeurde niets met de bloeddruk, deze bleef op hetzelfde niveau.

Cortisol is het hormoon dat zorgt voor stress in je lijf. De metingen werden gedaan in de ochtend bij de start van de dag en na de lachsessies. De controlegroep die geen lachyoga deed liet ook een daling zien in het cortisolniveau, wat verklaard kan worden doordat gedurende de dag je normale stressniveau iets zakt. Maar de lachyogagroep liet een veel grotere daling zien in het niveau van de cortisol, 28% tegenover 16% bij de controlegroep. Dit is een verschil van ruim 65%!

Met een aantal bijzondere tests werd ook nog gemeten dat bij het doen van lachyoga het ervaren van positieve emoties toeneemt terwijl er direct een daling is in de ervaring van de negatieve emoties. De controlegroep liet weinig verschil zien.

Alexithymia is een serieuze aandoening waarbij mensen moeilijkheden ervaren met het zich identificeren met en het uitdrukken van emoties. Mensen met een hoge mate van alexithymia hebben de neiging veel te vechten, kunnen hard en afstandelijk overkomen, sociaal onhandig zijn en angsten ervaren in het bijzijn van anderen. Alexithymia staat lijnrecht tegenover emotionele intelligentie. Dus hoe lager de score op de schaal van alexithymia, hoe beter het gesteld is met de emotionele intelligentie. Terwijl de controlegroep geen enkel verschil toonde, liet de lachyogagroep al na zeven sessies een duidelijke daling zien van 8%. De toename van emotionele intelligentie helpt ons bij gevoelens van empathie, communicatievaardigheden, creativiteit en innovatie, alle belangrijk in de werksituatie.

Verhaal student

Eigen ervaring spreekt nog het meest tot de verbeelding. Daar kan geen onderzoek tegenop. Caroline, een studente van mij, vertelde dat ze door het doen van lachyoga veel minder last heeft van astma. Ze voelt dat haar longen echt aan een opschoning bezig zijn.

Zij kwam bij ons in het Lachcafé na een berichtje in de krant. 'Lekker lachen in het Lachcafé, wie lacht er mee?' Door omstandigheden was haar het lachen vergaan. Ze voelde zich treurig door reacties van de mensen in haar omgeving, had de gedachte dat ze het allemaal alleen moest doen en was het lachen 'kwijt'. Het berichtje herinnerde haar eraan dat lachen een belangrijk onderdeel van haar leven was en dat ze dit echt miste.

Na de eerste avond in het Lachcafé was ze verkocht. Meteen schreef ze zich in voor de opleiding tot Laughter Yoga Leader die we een paar maanden later deden. Het beoefenen van de lach in het Lachcafé had haar doen beseffen dat de lach altijd inzetbaar is, ook als je je niet vanzelf lacherig voelt. Maar door de lach als oefening te doen, door je bewust te zijn van de mogelijkheid dat je altijd kunt lachen zonder reden, kun je er vrij gemakkelijk bij.

Na de tweedaagse opleiding bleek het nog veel gemakkelijker om de lach weer 'aan' te zetten. Tijdens het weekend genoot ze van het speelse element, van samen doen en van de verbinding die onvermijdelijk ontstaat wanneer je zoveel lacht met elkaar. Daarna werd het eenvoudiger om de herinnering aan het weekend op te roepen en weer snel in lachen uit te barsten. Omdat lachen aanstekelijk is, is het vervolgens weer eenvoudig om de lach bij anderen op te roepen.

Caroline zegt: 'Tijdens de cursus heb ik een grote saamhorigheid ervaren. Door te weten dat lachen zonder reden bestaat, het effect hiervan meerdere malen te hebben ervaren, ben ik in staat om uit een 'zuurstemming' te stappen. Het dagelijks leven krijgt meer luchtige en positieve momenten.' De effecten lijken hetzelfde te zijn als bij hardlopen of zingen. Bij de zanglessen die Caroline volgt wordt uitgegaan van lekker zingen met je hele lijf, je stem vrijuit laten gaan, zonder oordeel. Met bewegingsspel, visualisatie en ademoefeningen wordt de stem zo 'zangklaar' gemaakt. Lachen zonder reden lijkt hetzelfde te werken. Door onze stem te laten horen in de lach, dit te oefenen en bewegingen erbij te maken, werken we toe naar een echte spontane lach.

Motiveren

Lachclubs

Alleen kunnen we maar weinig uitrichten, tezamen des te meer.
Helen Keller

Eerste lachclub

Dr. Kataria startte de allereerste lachclub in Mumbai, India. Op de dag dat ik dit schrijf, 13 maart 2013, vieren de lachclubs hun achttiende verjaardag. Kataria kreeg een helder inzicht tijdens het lezen van de wetenschappelijke artikelen over de kracht van de lach, die hij doornam voor zijn eigen artikel. De lach moest preventief worden beoefend, en niet alleen worden ingezet als medicijn. Hij kon er haast niet van slapen en haastte zich 's morgens om zeven uur naar het naburige park. Het was 13 maart 1995.

Hier klinkt het vreemd, maar in India is het gebruikelijk dat de mensen voor het werk een rondje door het plaatselijke park lopen of in groepjes tai chi-oefeningen doen. Kataria wilde een lachclub beginnen, met het idee dat dit heel gezond en goed was en bovendien nog leuk ook. Met vijf mensen startten ze op die ochtend, waarna binnen twee weken de groep aangegroeid was naar vijftig personen. De lach werkt heel aanstekelijk.

Starten van de lach

In eerste instantie werd de lach opgewekt zoals dit ook gebeurde in de onderzoeken, door het toedienen van humor. Men stond in een kring, iemand deed een stap naar voren, vertelde een mop en iedereen lachte. Maar zoals je kunt begrijpen werkte dit maar deels. De lach is kort omdat er al gewacht wordt op het volgende, de mop moet maar net aansluiten bij jouw gevoel voor humor en passen bij je wereldbeeld. Zo kwam het dat er na twee weken ook weer mensen afhaakten. Dit frustreerde dr. Kataria want hij had ook de kracht van de lach ervaren.

Om een antwoord hierop te vinden dook hij terug in zijn geschriften en vond na lang zoeken de oplossing. Bij een van de onderzoeken werd in de kantlijn een toelichting gegeven: je lichaam ervaart het verschil niet tussen echt lachen of doen alsof. Dus: als je doet alsof, dan reageert je lichaam alsof je echt lacht. Ook bij een neplach ervaart je lichaam de voordelen van de lach, zoals verbetering van de stofwisseling, nivellering van de bloeddruk, meer plezier, een betere ademhaling en een algeheel gezonder gevoel.

Zonder reden

Dr. Kataria ging terug naar het park en overtuigde de mensen om te proberen te lachen zonder reden. Omdat intelligente mensen graag bewijs willen, nam dr. Kataria het onderzoek mee om te laten zien dat het echt zo was. De mensen vonden het vreemd, maar omdat ze hem graag mochten waren ze bereid te proberen wat hij suggereerde. Ze lachten, eerst zachtjes, en keken naar elkaar. En omdat het zo gek was om zomaar te lachen gingen ze harder lachen. Totdat ze uiteindelijk tien minuten lachten zonder reden.

Bij het lachen zonder reden maken we dus geen gebruik van humor, comedy of grappen. Dit is niet nodig omdat we de lach als oefening zien. De lach als oefening is beweging en geluid. De beweging zit in je kaken en je buik, en het geluid komt van binnenuit. 'Hahahaha.' Een mooie oefening hiervoor is de kerstmannenlach. Zo kun je eenvoudig ervaren uit welke diepten het geluid tevoorschijn kan komen.

Spelen

Wist je dat kinderen wel driehonderd keer per dag lachen en volwassen nog maar vijftien keer? En het zijn niet de kinderen die last hebben van kwaaltjes en hoofdpijn. Voor mij heeft dit alles met elkaar te maken. Kinderen lachen ook niet om humor, als ze heel klein zijn snappen ze daar niets van en ze lachen toch. Er is dus iets anders wat ze doet lachen. En dat is spelen. Kinderen lachen en spelen, spelen en lachen. Deze horen bij elkaar.

In de lachclubs beoefenen we de lach in combinatie met allerlei speelse oefeningen. We herinneren ons het kind in onszelf. Sommige mensen vinden het maar kinderachtig, maar begrijpen helaas niet de betekenis van spelen. Spelen is tegelijkertijd leren. Door te spelen leren kinderen hoe de maatschappij werkt, hoe men bouwt, vaart, rijdt, vliegt en hoe mensen met elkaar omgaan. Door te lachen gaat het leren als vanzelf, het kost geen moeite. Door te lachen wordt leren moeiteloos.

Door het spel en de lachoefeningen te bestempelen als kinderachtig plaats je jezelf in de positie van Belangrijk Persoon met Hoogst Belangrijke Zaken aan Het Hoofd. Maar wie lost er nu sneller een probleem op? Iemand die met gefronste wenkbrauwen zit te kijken naar een probleem of iemand die als een kind stralend alle mogelijkheden ziet? Dus waarom zouden we spelen? Om eenvoudig problemen op te lossen, om te leren en te groeien en om mooie menselijke relaties aan te gaan. Daarom.

Muziek en dans

Net zoals kinderen spelen is het ook heerlijk om muziek te maken en te dansen. Dit gaat heel goed samen met lachen. Wanneer we muziek maken en dansen dan uiten we ons. We laten horen en zien aan de buitenwereld wat leeft in onze binnenwereld. De lach doet dit ook. En wanneer we ons daar vrij in voelen dan komt de lach vanzelf.

Als het goed is weet je dat je een probleem altijd van twee kanten aan kunt pakken. Of vanuit de gedachten kijken of het lichaam anders wil reageren of vanuit het lichaam de gedachten op een ander spoor zetten. Zo kun je de lach inzetten om je vrijer en sterker te voelen en je te durven uiten in muziek en dans.

De lachclubs verzorgen een veilige omgeving om dit te oefenen.

Klap eens in je handjes

Bij de lachyoga kennen we een specifiek handklapritme. Deze wordt uitgelegd bij de onderdelen van een lachsessie. Er gebeuren een aantal dingen als je in je handen klapt.

Ten eerste word je je meer bewust van je eigen aanwezigheid, letterlijk door jezelf te voelen. Daarnaast worden allerlei drukpunten geactiveerd waardoor de energie in je lijf kan gaan stromen. Kleine kinderen vinden het heerlijk en kennen al heel jong het versje: 'Klap eens in je handjes, blij blij blij.' Actie = reactie. Door de actie van het handenklappen kan het lichaam reageren met een goede stroom energie. Waarom doen we dit bij kinderen wel maar vergeten we het als we ouder worden?

We applaudisseren als we genoten hebben van een voorstelling. De acteurs hebben hun uiterste best gedaan om jou een fantastische avond uit te bezorgen en jij laat je waardering blijken door het klappen in je handen. Zij nemen dankbaar het applaus – zoals we het dan noemen – in ontvangst. Een overenthousiast iemand gaat vaak spontaan geluid maken: 'Yeah!' en heeft de automatische neiging in zijn handen te klappen. Of ergens op te klappen. Het bevestigt dat wat er is, het wordt in de materie vastgezet. Natuurlijk met een vette grijns op het gezicht.

Ademhalen

In de lachclub zijn we bewust aan het ademhalen. Zoals ik eerder zei, er zijn veel meditatievormen waarbij de ademhaling belangrijk is en waarbij op de uitademing een nadruk ligt. Meer uit- dan inademen zorgt voor meer balans in je lijf. Voor piekerende mensen en mensen die slecht inslapen is de volgende oefening fantastisch. Ga rustig liggen en kijk vijf tellen naar een punt op het plafond of de muur. Je hoeft je alleen maar bewust te zijn van dat punt, dit maakt dat je aanwezig wordt in het moment. Haal nu eerst even diep adem en adem uit. Zonder te tellen of iets anders. Haal dan eens bewust adem en tel hoelang je hierover doet. Doe dan twee keer zo lang over je uitademing. Je zult je uitademing beter moeten spreiden, maar het kan gemakkelijk. Doe dit in totaal vijf keer. Voel dan je lichaam na.

Ademhalen hoeft niet lang te duren. Tenminste, we moeten natuurlijk altijd ademhalen om te leven. Maar om jezelf rust te geven met behulp van je ademhaling is vijf keer lang genoeg. Alles wat te lang duurt, levert weer stress op en werkt averechts. Vind je het langer prettig? Ga dan vooral door, het is een fantastische manier van ademen.

Wat je ook kunt doen in een tweede ronde is op je uitademing geluid maken. Zachtjes, je hoeft niemand te storen. Maar zeg: 'Hahahahahahaha'. Eerst langzaam en iedere keer als je uitademt iets sneller. Door 'Hahahahaha' te zeggen kun je langer en dieper uitademen dan zonder dit te doen.

Sociaal netwerk

De lachclubs over de hele wereld zorgen voor een krachtig sociaal netwerk. De mensen die hierbij aangesloten zijn lachen soms al jaren mee en zijn deel van de 'familie' geworden. Door de lach te delen deel je ook iets van jezelf en je liefde voor je medemens. Als je zelf krachtiger wordt dan kun je meer delen.

In India is het sociale netwerk nodig omdat het een aanvulling is op het bestaande systeem van minimale reguliere sociale voorzieningen. Maar ook in het Westen zien we deze behoefte aan een sociaal netwerk toenemen door de verslechterende toestand in de (ouderen)zorg. Zeker in het Westen is het niet gebruikelijk dat de familie overal voor zorgt wanneer iemand hulpbehoevend is, daarom is een sociaal netwerk heel belangrijk.

Regelmaat

Lach bij voorkeur iedere dag. Wanneer je 's morgens tien minuten lacht dan heb je daar de hele dag lol van. Je voelt je fitter, alerter, gezelliger (een echt Hollands woord), communicatiever en krachtiger. Je bent letterlijk gezonder dus je werkgever zal heel blij zijn met je. Wanneer je voor jezelf werkt is dit nog beter omdat je dan helemaal niet gemist kunt worden op je werk.

Griep krijgt minder kans om toe te slaan en als het toeslaat herstel je sneller, kleine kwalen verdwijnen als sneeuw voor de zon en er is soms letterlijk meer zonneschijn in je leven. Regelmaat is voor alles belangrijk wanneer je er een gewoonte van wilt maken. De lach beoefenen is een hele goede gewoonte. Lach een keer per dag lang (tien minuten) of regelmatig wat korter. Grijp iedere kans aan om te lachen. In de auto, aan de telefoon, zoek vrienden op waar je graag mee lacht. Lach wanneer je een mop hoort ook al ken je deze al. Lach omdat degene die het verteld heeft zijn best heeft gedaan om jou aan het lachen te maken. Maak zelf andere mensen aan het lachen, goed voor dubbel plezier.

In India komen de lachclubs vaak dagelijks en anderen wekelijks bij elkaar. In het Westen lukt dit vaak niet, maar eens in de twee weken of maandelijks is wel mogelijk.

Waar zijn de lachclubs

In meer dan 70 landen over de hele wereld zijn nu ruim 7000 lachclubs. In India alleen al bijna 600. In Nederland zijn we in 2012 gegroeid van 15 naar 19 lachclubs. Het gaat dus de goede kant op. Kijk voor de lijst achter in dit boek.

Waarom workshops geven?

Wat achter en voor ons ligt, is klein vergeleken bij wat in ons zit.
Ralph Waldo Emerson

Dit hoofdstuk is geschreven voor mensen die workshops geven of zouden willen geven. Maar ook als je geen workshops geeft dan kun je jezelf de vragen in dit hoofdstuk stellen. Ze geven je inzicht in je motivatie om dingen te doen, om in beweging te komen en om plezier te blijven beleven in wat je doet.

Hobby en werk

Hobby en werk hebben overeenkomsten. Beide kun je met een grote frequentie doen, je kunt er heel veel plezier aan beleven en het bloedserieus nemen. Er is een trend gaande waarbij mensen van hun hobby hun werk maken. Door minder leuke omstandigheden, moeilijk aan een nieuwe baan komen na bijvoorbeeld ontslag door reorganisatie, beginnen meer mensen voor zichzelf. Het aantal zzp-ers in Nederland is de afgelopen jaren explosief gestegen. Er zijn hobby's waarvoor betaald wordt als je ze uitoefent. De lachworkshop is er zo een. Dit is een leuke bijverdienste en je hebt nog plezier ook. Goed voor je gezondheid en je portemonnee. Je kunt er zelfs je werk van maken. Bedenk wel als je dit wilt dat je te maken krijgt met allerlei regelgeving, inschrijving bij de Kamer van Koophandel, btw-afdrachten en een berg administratie. Om er dan voldoende of nog liever goed mee te verdienen is er meer voor nodig dan een hobbygedachte.

Waarom je doet wat je doet

Motivatie is een van de belangrijkste pijlers waarop succes is gebaseerd. Zonder motivatie is er geen beweging. Heb jij je weleens afgevraagd waarom je doet wat je doet? Of beweeg je mee op de 'flow' en ben je toerist in jouw eigen leven? Wanneer je weet waarom je doet wat je doet dan is het veel gemakkelijker om je richting te bepalen en vooral om vol te houden. Succes is niet comfortabel en je zult regelmatig buiten je comfortzone moeten stappen om te groeien. Er is een groot verschil tussen 'ik doe mijn best' of 'ik doe wat nodig is'. Als jij weet waar je motivatie vandaan komt dan kun je dat laatste veel gemakkelijker bereiken.

Lijst redenen

Lachworkshops geven kent meer redenen dan 'het is leuk om te doen'. Wat zijn jouw redenen om workshops te geven, of om trainingen te geven en kennis over te dragen? Pak een pen en een leeg vel papier. Maak een lijst en maak deze zo lang mogelijk. Het belang van schrijven is dat dingen echt worden. Schrijf met een pen in plaats van te typen op je laptop of computer. In onderzoeken is aangetoond dat opschrijven met een pen meer impact heeft dan typen op een computer.

Waarom doe je wat je doet? Deze vragen kun je je ook stellen als je iets anders doet dan lachworkshops geven. Ben je zzp-er dan zijn dit zelfs onontbeerlijke vragen. Kijk er naar en antwoord zo eerlijk mogelijk. Gewenste antwoorden geven niet het gewenste resultaat.

Heb je een lijst gemaakt? Als het goed is dan is ieder antwoord te plaatsen in een van de vier kwadranten. Alle vier vertegenwoordigen ze een deel van onze motivaties.

2 onafhankelijk	3 geld
1 vervulling	4 contributie

1 – vervulling

In het eerste deel staat wat wij meestal uitermate belangrijk vinden, een gevoel van vervulling. Leren en groeien zit in onze genen. Als kind willen we van A naar B en gaan we van kruipen naar het veel snellere lopen. Later als we groot worden stappen we in de nog veel snellere auto. Zelfs als we oud zijn lijkt astronaut ons nog een avontuurlijke baan en dromen we van vliegen in een baan om de aarde. In dit deel plaats je woorden als expressie, passie, gelukkig voelen, iets achterlaten, persoonlijke ontwikkeling, levendigheid, creatief, leren en uitdaging.

2 – onafhankelijkheid

Ben je voor jezelf begonnen dan is het tweede deel waarschijnlijk goed gevuld. Hier vind je woorden of zinnen in terug als: eigen tijd bepalen, vrijheid, eigen baas, leiden, inspireren, geen compromissen. Deze geven alle een gevoel van onafhankelijkheid weer.

3 – geld

Weinig mensen zullen geld op de lijst hebben staan. Toch zou dit moeten. Als je een bedrijf wilt, zelfs als je voor je hobby workshops geeft, dan nog is geld belangrijk. Geld geeft je een mogelijkheid om je bedrijf te laten groeien of om jezelf mogelijkheden te geven om te groeien en te leren. Hier kunnen ook woorden als investeren en passief inkomen voorkomen.

4 – contributie

We zijn een genereus volk, we willen graag leven in een betere wereld en daar ook aan bijdragen. Het kan zijn dat je in dit laatste deel woorden hebt staan als: mogelijkheden creë-ren, geven, verbinden en helpen.

Zorg voor redenen in alle vier de delen. Dit houdt je gemoti-veerd, maakt dat je beter doelen kunt stellen en je compleet voelt. Wil je groots resultaat? Begin dan bij deel vier, contri-butie. Hoeveel mensen wil je bereiken en helpen met welke boodschap?

Inspireren

Jouw unieke bijdrage

Droom groot en durf te falen.
Norman Vaughan

Wat is je missie

Anders zijn we allemaal. Gelukkig. Dit betekent dat we allemaal lachworkshops kunnen geven op onze eigen manier. Hierdoor vinden we ook de mensen die bij ons passen en hoeven we niet bang te zijn voor concurrentie. Nu is denken in concurrentie sowieso niet handig. Samen kun je vaak veel meer bereiken. De vragen in dit hoofdstuk helpen je nog helderder te worden in jouw unieke kwaliteit en de manier waarop jij speciaal bent. Je missie was ook het antwoord in het vierde deel van het vorige hoofdstuk. Wat had je daarbij opgeschreven? Of herkende je je in de voorbeelden?

Je missie is je vertrekpunt. Wat is jouw bijdrage aan de wereld? Wat wil jij dat er gebeurt in die wereld? Wat wil jij in beweging zetten? Maak hier een motto van, dit geeft je missie heel helder weer.

Dr. Madan Kataria heeft als motto: 'wereldvrede door de lach'. Zijn missie is om wereldvrede te bewerkstelligen, zijn methode is de lach. Ik volg hem daarin en ik denk dat het kan. Je kunt ook je eigen missie verwezenlijken terwijl je de missie van dr. Kataria ondersteunt. Meerdere missies gaan heel goed samen en zorgen voor een nog krachtiger, sterker en grootser effect. Mijn motto is: *to create a happier world by helping people to create their own happiness.* Ik heb een beeld van een gelukkiger, vrolijker wereld en mijn manier is mensen helpen hun eigen geluk te creëren. Dr. Kataria's beeld en de mijne versterken elkaar.

Wie wil je helpen

Specifiek je doelgroep benoemen helpt je om heel duidelijk naar buiten te communiceren wie en wat je bent en doet. Als je het goed doet dan bevind je je in een *niche*, dit is een kleine maar heel duidelijke groep mensen, die groot genoeg is om te zorgen voor een inkomen.

'Ik help' is de start van een magische zin. Zo vertel je als het goed is precies wie de mensen zijn in jouw doelgroep. Wees zo specifiek mogelijk. Stel je voor dat je yogalessen geeft en je zegt: 'Ik help iedereen', want tja, tenslotte heeft iedereen wel baat bij yoga, denk je dan dat iemand zich aangesproken voelt? Nee toch? Maar als je als specialiteit nekklachten hebt en zegt: 'Ik help mensen met nekklachten met behulp van eenvoudige yogaoefeningen van hun pijn af', dan is de groep veel kleiner geworden maar meer mensen zullen zich aangesproken voelen. Hoe zou het zijn als je kleding kunt maken? Iedereen kan jouw kleding dragen. Maar als je speciaal goed bent in het vermaken van kleding voor mensen met extreme maten dan kun je denken aan de tekst: 'Ik help mensen met extreme afmetingen aan passende kleding' waarbij de juiste mensen zich aangesproken voelen.

Wat spreekt je aan en waar haal je voldoening uit? Ikzelf haal veel voldoening uit het inspireren en motiveren van collega lachyogadocenten om meer uit hun werk en kwaliteiten te halen. Je kunt je doelgroep helder benoemen: 'Ik help lachyogadocenten aan meer omzet met meer plezier' of je kwaliteit: 'Ik help mensen die niet kunnen koken eenvoudig en simpel de lekkerste maaltijd op tafel zetten' of je specialiteit: 'Ik help extreem kleine mensen aan mooie en goed passende kleding'.

Het beantwoorden van de vraag wie jij wilt helpen, helpt je jezelf in de markt te positioneren. Neem een apart blaadje en schrijf de antwoorden op deze en de volgende drie vragen onder elkaar. Ze zullen je straks iets moois laten zien. Wees niet bang om een specifieke groep te benoemen. Ik was hier zelf in het begin heel angstig voor, want dan zou ik alle andere mensen laten schieten. Maar dit blijkt niet waar te zijn. Hoe duidelijker je bent naar buiten toe, hoe gemakkelijker mensen jou weten te vinden. En je kunt altijd nog het benoemen van je doelgroep aanpassen of verbeteren. Deze antwoorden zijn een vingeroefening.

Waarom wil je deze mensen helpen

Ervaring is een van de krachtigste motivaties om te willen helpen. Je kunt ook iets gezien of gehoord hebben wat je heeft geraakt. Daardoor wordt je wereldbeeld bepaald. Je denkt of gelooft iets over de mensen die je wilt helpen. Zij willen op hun beurt graag geholpen worden door iemand die herkent wat ze doormaken, liever dan door iemand die alles uit een boekje heeft. Hoe meer letters voor of achter de naam, hoe meer boekenwijsheid en hoe minder ervaring.

Ga ervoor zitten en schrijf op waarom je speciaal deze groep mensen wilt helpen. Wat is jouw expertise? Wat heb je geleerd, wat heb je meegemaakt, wat maakt dat jij deze behoefte voelt? Wat heeft je geraakt? Begin je zinnen met: 'Ik denk dat......' of 'Ik geloof.....'. De vraag waarom jij deze mensen wilt helpen zorgt voor een menselijke positionering.

Mensen kunnen zich met jou vergelijken, een voorbeeld aan jou nemen. Zet de timer op één minuut en schrijf blindelings op wat in je opkomt. Snelheid maakt dat je hersenen de meest relevante informatie het eerst geven. Bekijk daarna wat je geschreven hebt en verbaas jezelf. Ook dit is natuurlijk later nog aan te passen en te verfijnen. We zijn nu eerst nog bezig met de ruwe schets.

Waarom ben jij gekwalificeerd

Achtergrond, ervaring, opleiding, milieu, opvoeding en gezichtspunten, we zijn allemaal anders. Dus ook al beoefenen we hetzelfde vak, we zijn heel verschillend. Wat zijn jouw sterke punten, wat heb jij geleerd en waarin ben jij anders dan anderen?

We zijn geneigd om te zeggen: 'Ik ben een van de lachyogaleiders in Nederland' of 'Ik maak ook kleding voor kleine mensen'. Laat de woorden 'ook' en 'een van' alsjeblieft achterwege. Misschien is dit vaktechnisch waar, maar jij bent uniek en anders dan alle anderen. Daar zijn we in dit hoofdstuk naar op zoek. Mensen vinden het trouwens veel belangrijker om te weten wat je meegemaakt hebt dan of je een of ander papiertje hebt gehaald. Wat zijn jouw strubbelingen, je uitdagingen geweest, hoe heb je ze het hoofd geboden en vooral, wat heb je gedaan om eruit te komen en succes te behalen.

Wanneer je vertelt over wat jou heeft geraakt, zul je ook andere mensen kunnen raken. 'Mijn zusje was een lilliputter en kon daardoor nooit normale kleding aan. Ik wilde haar zo graag laten pronken met haar nieuwe jurk.' Je kunt ook vertellen over wat je hebt geleerd: 'Door het jojo-effect tijdens de vele diëten die ik volgde was ik een echte ervaringsdeskundige geworden. Mijn lichaam verloor gewicht door het ene dieet, maar nam weer in omvang toe door het volgende. Uiteindelijk besloot ik beter te luisteren naar wat mijn lichaam me te vertellen had en volgde ik hiervoor diverse opleidingen. Nu ben ik blijvend twintig kilo afgevallen en heb ik mijn eigen methode ontwikkeld waarbij een voedingsadvies en luisteren naar je lijf de basis vormen.' Als je dit leest dan ga je toch eerder met deze persoon in zee dan met een willekeurige persoon met een willekeurig verhaal over een willekeurig dieet?

Jouw antwoord op de vraag waarom jij gekwalificeerd bent, zorgt voor een positionering als expert. Waarin ben jij anders dan anderen? Zet hiervoor de timer op anderhalve minuut en schrijf je leeg. Om te oefenen begin je je zinnen met: 'Ik had een probleem…', 'Ik leerde van…' en 'Ik kreeg succes….'. Later maak je hier een consistent geheel van.

Waar ga je heen

Vervulling van ons levensdoel is waar we naar op zoek zijn. We weten soms niet wat dat is, maar we kunnen erover fantaseren. We willen allemaal in een betere wereld leven, daarvan ben ik overtuigd. De manier waarop we invulling geven aan ons doel is onze verantwoordelijkheid. Het kan zijn dat je niet weet wat je levensdoel is, die kans is zelfs niet zo groot. Maar je kunt wel je visie benoemen. Als jouw visie helder is dan zul je merken dat al jouw acties met deze basis veel sterker zullen zijn. Je zult passie voelen bij wat je doet. Je heldere visie is de drager van een krachtige missie. De visie van dr. Madan Kataria is wereldvrede. Zijn missie is mensen bereiken met de kracht van de lach. Mijn visie is een gelukkiger, blije wereld. Mijn missie is zo veel mogelijk mensen leren hun eigen geluk te creëren. Een van de acties of doelen die daarbij hoort is lachyogabegeleiders leren meer inkomen te genereren.

Deze laatste stap in de vier vragen positioneert jezelf als leider in jouw niche, jouw heldere, afgebakende doelgroep. Zet je timer op een minuut en schrijf in een keer op: 'Ik zie een betere wereld wanneer ....'.

Over ons

Klanten spreek je het snelst en het beste aan met precies de antwoorden op deze vier zinnen. Wanneer potentiële klanten kijken naar je website en naar wat je te bieden hebt willen ze ook vaak weten met wie ze te maken hebben. Daarom is een 'over ons'-pagina op je website onontbeerlijk. De antwoorden die je zojuist hebt gegeven passen precies op deze pagina. Hiermee laat je zien wie je bent, je laat je menselijkheid zien, je geeft je expertpositie aan en je toont leiderschap.

1 Wie wil je helpen? (positionering: iemand zijn)

Ik help/wij helpen .... om ....

2 Waarom wil je ze helpen? (positionering: mens zijn)

Ik denk/wij denken dat .... en vind/vinden dat ....en geloof/geloven dat.......

3 Waarom ben jij de aangewezen persoon/het aangewezen bedrijf? (positionering: expert)

Benoem verschillende expertises, studies, zienswijzen, ervaringen.

4 Waar ga je heen? (positionering: leider)

Ik geloof in/wij geloven in en beloven een betere wereld met......

Ben je bang dat er mensen zijn die zich niet aangesproken voelen? Natuurlijk zullen zij er zijn. Maar je wilt toch ook liever mensen die zich wel aangesproken voelen? De mensen die zich aangesproken voelen zijn jouw ideale klanten. Het zijn de klanten waar jij energie van krijgt, waar jouw expertise ligt en waar jij met hart en ziel voor werkt.

Doelen stellen

Een doel is een droom met een deadline.
Napoleon Hill

Belang van doelen stellen

Meten is weten, een uitspraak die je vast weleens gehoord hebt. Je meet het verschil tussen twee variabelen. Het doel dat je voor ogen hebt, of hebt behaald, en de toestand waarin je eerst was en nu verkeert. Stel je voor dat je je pijlen wilt richten. Ik krijg ook gelijk het beeld van een schietschijf met cirkels waarbij ik de middelste cirkel wil raken. Waar zou ik op schieten zonder een schietschijf in beeld? Het zou zelfs levensgevaarlijk kunnen worden als ik met meer mensen zou zijn. Het kan ook andersom. Er is een doel, maar ik schiet met een blinddoek voor mijn ogen. Zou het kunnen dat ik de schijf raak als ik lukraak om me heen schiet? Het zou kunnen, maar de kansen verkleinen aanzienlijk.

Je kunt je doelen vergelijken met de schietschijf. Iedere ring staat voor een doel, die dichter en dichter bij het einddoel, de middenstip komt. Je pijlen zijn acties om je doel te bereiken. Als je geschoten hebt dan kijk je waar je pijl is beland, in de vijfde cirkel, rechtsonder. Je meet hoever dit van de middenstip is. Iets meer naar links, een stukje naar boven en je kunt de middenstip raken. Je schiet opnieuw, met de aangebrachte aanpassingen, en je schiet inderdaad meer naar links en naar boven. Boven de stip, in de derde ring, trilt de pijl in de schietschijf. Is het nu verkeerd? Nee, natuurlijk niet. Je bent dichter bij je ultieme doel, en alle ringen leiden je naar het doel toe. Je brengt een paar kleine correcties aan en bingo, je pijl belandt midden in de roos.

Wanneer je doelen stelt dan kun je meten en aanpassen. Zonder doel heb je geen idee wat je anders zou moeten of kunnen doen. Je doelen dienen het belang van je visie en je missie uit het vorige hoofdstuk.

Concreet

Meer of minder is een veel te vage term om je doelen mee te stellen. Ik wil meer inkomen genereren en ik wil minder wegen. Dan wat? Meestal bedoelen we meer of minder dan wat we nu hebben. Je kunt pas meten of je je doelen bereikt als je ook een concrete, heldere doelstelling hebt. Bij het stellen van doelen geef je je onderbewuste opdracht om met je mee te denken en situaties voor jou zichtbaar te maken waardoor jij je doelstellingen kunt behalen. Je onderbewuste heeft geen idee van relativiteit maar werkt met beelden en is heel concreet. Wat we nu hebben weten we al. Dus wat willen we nu precies? We zijn vaak te bescheiden, te voorzichtig, om niet teleurgesteld te worden of niet op onze bek te gaan. Maar ondernemen, groeien en leren gebeurt nu eenmaal als je onderuit durft te gaan, als je tegenslag ziet als kans om het daarna anders te doen en als je iets nieuws durft te proberen. Als lachyogadocent heb ik geleerd te blijven lachen. Ook als het tegenzit of tegenvalt, blijf vooral lachen. Het wordt nooit zo zwaar als je dacht en problemen lossen zich sneller op.

De uitdagingen stapelen zich ook sneller op trouwens.

Doelen zijn niets anders dan dromen met een agendapunt. Je maakt een plan voor je droom, je onderzoekt, je bespreekt, je implementeert en de droom blijkt ineens uit te komen. Een jaar of vijftien geleden gaf ik workshops 'Van wens naar werkelijkheid', gebaseerd op de lessen van Marinus Knoope. Ik liet mensen van tevoren een lijst maken met veertig dromen en wensen. Het bleek vaak lastig te zijn om dit te doen, dus deze uitdaging wil ik je zeker meegeven. Want als je gaat leren je dromen waar te maken, heb dan nog wat dromen klaar staan voor daarna. Daarna kozen we een droom om mee aan de slag te gaan. Alle deelnemers aan deze workshop hebben hun gekozen droom verwezenlijkt. Dat kan ook niet anders, want als je gaat onderzoeken en plannen, dan wordt het een doel met een agendapunt.

Schrijf je doelen concreet op. Met cijfers, maten en gewichten, met bedragen en aantallen. Je wilt bijvoorbeeld 60.000 euro per jaar verdienen, drie keer per jaar op vakantie naar het buitenland, een boek schrijven en publiceren, 65 kilo wegen, een kwartier kunnen hardlopen zonder buiten adem te raken of een huis bewonen met 2 hectare grond.

Niet SMART

Heb jij ook geleerd je doelen SMART te stellen? SMART staat voor specifiek, meetbaar, acceptabel, realistisch en tijdsgebonden. In de eerste drie kan ik me vinden, in de laatste twee absoluut niet. Specifiek is hetzelfde als concreet, wees vooral helder in wat je wilt. Hoe helderder jij bent, hoe helderder het universum kan reageren. Meten is weten, dus maak je doel vooral meetbaar. Dan weet je ook zeker of je iets haalt of niet en kun je bijstellen. Je kunt niet bijstellen als je niet weet wat je doel is. Heb je je doel gehaald, maar ben je niet volkomen tevreden? Dan kun je altijd je doel bijstellen of een nieuw doel bepalen. Of het acceptabel is, geldt alleen voor jezelf. We zijn geneigd te kijken naar wat anderen van ons denken en vinden en te bedenken wat zij zullen denken. Pfff, wat een omweg. We hoeven alleen maar te kijken of we het zelf acceptabel vinden. Is het oké als het doel gehaald wordt, word ik daar blij en vrolijk van, heb ik er iets aan en heeft mijn klant er iets aan? Acceptabel is niet hetzelfde als het minimumresultaat. Acceptabel is als het past bij mijn normen en waarden en vooral bij mijn visie. Dient de realisatie van dit doel mijn missie en visie?

Je doel in de tijd vastzetten is een ramp. De kans dat dit dan pas gerealiseerd wordt, is heel groot. Maar wat als je een prachtig doel hebt en je realiseert het door een gelukkig toeval volgende week al, word je daar dan ongelukkig van? Wijs je het af? Nee, natuurlijk niet. Maar als jij zegt dat je iets over een jaar pas wilt bereiken, dan zal het universum ook rustig afwachten. Waarbij de kans bestaat dat je zelf vergeet welk doel je voor ogen had en het universum vergeet het dan ook. Jouw onderbewuste werkt alleen nu, hoe duidelijker je bent in je beeld en in je doel, hoe beter jouw onderbewuste je kan helpen. Je kunt wel aangeven welk doel je binnen een bepaalde periode, bijvoorbeeld een jaar, wilt bereiken. Dan heb je een heel jaar om dit te realiseren, maar als dit in de eerste maand gebeurt dan past het nog steeds in hetzelfde plaatje.

Daarnaast is realistisch net zo rampzalig. Want wie bepaalt of iets realistisch is? Onze dromen zijn vaak verre van realistisch. Maar, Goethe zei al: 'Wensen zijn voorgevoelens van hetgeen je in staat bent daadwerkelijk te bereiken.' Kijk maar om je heen. Niets is werkelijk nieuw. Ergens is er altijd iemand je voorgegaan op de weg die jij zou willen bewandelen. Droom je van drie keer per jaar op vakantie naar het buitenland, maar kun je nu net een weekendje weg in eigen land betalen? Dan lijkt zoiets onmogelijk. Toch zijn er genoeg mensen met zo'n levensstijl. Voor hen is het volkomen realistisch.

Dus stel je doelen concreet, helder en meetbaar. Stel doelen in lijn met je missie en je visie. Dat maakt ze sterk.

Stappenplan

Volg onderstaand stappenplan gedurende zeven dagen.

Dag 1

Schrijf je doelen op. Bij voorkeur ten minste vier doelen uit de vier gebieden, maar meer mag natuurlijk ook. Wat wil je leren, wat wil je kunnen, hoeveel wil je verdienen en wat wil je bijdragen aan de wereld?

Dag 2

Maak *mindmappen* van deze vier of meer doelen. Voor ieder doel een eigen mindmap. Een mindmap is een soort spin waarbij in de cirkel in het midden de titel van jouw doel staat, bijvoorbeeld 'marketing leren'. De pootjes leiden naar alles wat jij kunt bedenken wat bij dit doel hoort, bijvoorbeeld lessen volgen, huiswerk maken, video's kijken, samenvattingen maken, sparren met collega's, definities omschrijven.

Dag 3

Maak van je belangrijkste doel een *moodboard*. Een moodboard is een bord waarop je plaatjes plakt van jouw doel.

Plaats een foto van jezelf in het midden, want tenslotte gaat dit allemaal om jouw dromen en doelen. Een plaatje zegt meer dan duizend woorden, dus een vel vol plaatjes zegt meer dan een boekwerk. Loop al je tijdschriften door en knip passende plaatjes uit. Hang je moodboard op een plek waar je het vaak tegenkomt: in de keuken, op je slaapkamer of werkkamer.

Dag 4

Volg de stappen van SMILE. Neem het doel in gedachten waarvan je gisteren het moodboard hebt gemaakt. Dit duurt in totaal niet langer dan vijf minuten.

Stop: Sta even stil bij wat je hebt gedaan. Bekijk je moodboard, voel in gedachten hoe het is als je dit doel bereikt hebt. Hoe ziet het eruit, hoe ruikt het, hoe proeft het, hoe voelt het aan?

Motiveer jezelf. Beantwoord de vraag waarom je dit doel wilt bereiken. Wat helpt het jou in jouw ontwikkeling?

Inspireer anderen. Wanneer je je doel hebt bereikt, wat betekent dit dan voor anderen? Wat kun jij hiermee voor hen betekenen?

LOL, *Laugh out loud*, oftewel, laat het los. Dit is een boek over lachyoga. Dus, kijk naar je doel, stel je voor hoe het is als je het bereikt, trek je mondhoeken omhoog en lach. Wil je het echt vieren, doe dan de *jackpotlach* uit de veertig basisoefeningen. Wanneer jij jouw doel viert alsof je het al bereikt hebt dan werkt jouw onderbewuste als een gek mee om het voor elkaar te krijgen.

Energie. Hoe meer je erin stopt, hoe meer je eruit krijgt. Hoe meer jij je doel ziet als iets wat al gerealiseerd is, hoe meer het waar is. Hoe uitbundiger jij dit doel viert, hoe grootser het resultaat zal zijn. Spring op en neer, dans, juich, vier feest. Tenslotte ben jij je doel aan het verwezenlijken.

Dag 5

Herhaling van de stappen van SMILE. Dit keer hoeft het niet langer dan een minuut te duren. Kijk naar je moodboard en voel de energie van dit doel. Stel je voor dat het zo is, je resultaat is daar. Trek je mondhoeken omhoog en vier het alsof je de jackpot wint.

Dag 6

Het omhoogtrekken van je mondhoeken wordt een anker met betrekking tot je doel. Probeer het maar. Deze oefening kun je in een paar seconden doen. Je stelt je het moment voor dat je je doel bereikt. Mondhoeken omhoog en je springt op en neer terwijl je juicht en schreeuwt.

Dag 7

De oefening van één seconde. Trek je mondhoeken omhoog en voel wat er gebeurt.

LOL

Onderdelen van een lachsessie

Alle goede en opbouwende dingen die we doen,
komen uiteindelijk ten goede aan onszelf.
Jim Rohn

Opwarmen

Bewegen is het belangrijkste bij de opwarming. Vaak begin ik een sessie met de mensen uit te nodigen op een been te gaan staan en rondjes te draaien met de voet, het onderbeen en het bovenbeen. Hiermee maken we de scharnierpunten enkel, knie en heup los. De opgeslagen energie in de spieren die samenkomen op deze scharnierpunten wordt vrijgemaakt en kan gebruikt worden voor andere dingen, zoals lachen. Het gaat in deze oefening om het rondjes draaien, dus voor het evenwicht mag men zich vasthouden, aan de muur, een stoel of aan elkaar. Vaak geeft dit al enige hilariteit en worden mensen letterlijk even uit hun evenwicht gebracht. Daardoor is de attentie daarna groter.

Om goed op te warmen kun je natuurlijk ook dansen. Een van mijn collega's heeft bij de start stevige muziek aanstaan en begint de workshop met een korte work-out. Dansen, steppen, bewegen op de muziek. Dit is een fantastisch begin. Alles wat helpt om op te warmen is goed. Het is namelijk heel belangrijk om warm te zijn, het lachen gaat dan veel gemakkelijker. Je krijgt het wel warm van het lachen, maar de start van de lach gaat beter als je lichaam warm is.

Klappen

Bij de lachyoga kennen we een handklapritme. Ik heb hier eerder over geschreven, maar hier volgt de uitgebreide variant. Het handklapritme is 1, 2, 1-2-3. Lang, lang, kort-kortkort. Het is de bedoeling de handen recht tegen elkaar te klappen, in de vorm van een oosterse groet. Hiermee activeer je allerlei drukpunten in de handpalmen en vingertoppen waardoor de energie al eenvoudig gaat stromen. Vaak voelen mensen tintelingen in hun handen of zelfs verder in het lichaam, dit is de zuurstof die meer in het lichaam binnenkomt en begint te prikkelen.

Zoals het goed Indiaas gebruik betaamt hoort hier ook een mantra bij. Deze is niet moeilijk en iedereen lijkt er plezier aan te beleven dit aan te leren. Het gaat op het ritme van de klap: ho ho, ha ha ha. Dus de handen plat tegen elkaar in het ritme 1,2, 1-2-3 en de mantra 'ho,ho, ha-ha-ha'. Hierbij kun je een dansje doen, door elkaar lopen en elkaar de lach toezingen. We maken ook gelijk een begin met spelen. Spelen zoals kinderen dit doen. Wanneer ik dit uitleg dan is het minder vreemd en weten zelfs Belangrijke Mannen In Pakken zich te zetten tot het doen van het handklapritme.

Waarderen

Mensen groeien van complimenten en waardering. Dat weten we allemaal en toch doen we het te weinig. We zijn gewend vanuit onze opvoeding weinig complimenten te krijgen, maar wel rode strepen door wat we fout hebben gedaan op school: doe dit niet, dat mag niet. Hiermee worden we weer een stukje kleiner. Om mensen te kunnen laten groeien, te laten zien dat fouten maken mag – omdat je daar tenslotte juist van leert – en omdat het prettig is om de balans te herstellen, maken we bij de lachyoga veel gebruik van waarderen. Dit doen we op een manier die kinderen leuk vinden, maar volwassenen ook.

We steken onze duimen omhoog en zeggen: 'Heel goed, heel goed' en 'Yeah!' waarbij we onze handen in de lucht steken. In het Engels is het 'Very good, very good, yeah!'

In alle lachclubs wordt deze waardering doorgegeven. Vaak eindig ik een lachsessie door de mensen elkaar schouderklopjes te laten geven. Je staat dan tegenover elkaar, legt de handen op elkaars schouders, kijkt elkaar in de ogen en bij iedere 'heel goed' geef je elkaar een schouderklopje. Je eindigt met een *high five* (of *high ten* bij beide handen) terwijl je enthousiast 'yeah' roept. Dit doe je allebei tegelijk.

Ademhalen

'Hoho hahaha' zorgt ook voor een diepe uitademing. De mantra is een opstapje naar het echte lachen waarbij de uitademing zich meer verdiept. Zingen is een fantastische manier om meer uit te ademen dan men normaal gesproken doet en bij veel koren worden juist lachoefeningen gedaan om de ademhaling voor te bereiden op de zang.

Iedere keer weer is de ademhaling het uitgangspunt. Adem uit en adem in. Niet andersom. Tijdens de diverse lachoefeningen creëren we soms een korte break door even bewust alleen adem te halen. Niet met de lach, maar rustig uit- en inademen. Zeker als de ruimte heel warm is, moet er soms een moment zijn om 'af te koelen'. Anders stijgt het lachen naar het hoofd en dat zou jammer zijn. De bedoeling is dat het juist in je lichaam zakt. Bewust ademhalen maakt dat mogelijk.

Lachoefeningen

Speelse lachoefeningen zorgen ervoor dat de lach gemakkelijk opgewekt kan worden. Wanneer mensen weten dat ze spelen, zijn ze bereid de oefeningen uit te proberen. Bij de warming-up beginnen we er al voorzichtig mee door na het rondjes draaien om de scharnierpunten los te maken de voet uit te schudden met een geluid: 'Hohohoho'. Bij de tweede voet die we uitschudden maken we het geluid: 'Hahahaha'. Dit is vaak al hilarisch genoeg om in een echt lachen uit te barsten.

Daarnaast hebben diverse lachoefeningen een naam gekregen en na heel veel uitproberen in de diverse lachclubs zijn er veertig basisoefeningen ontstaan. Deze staan alle veertig beschreven in het volgende hoofdstuk. Het is heel eenvoudig: je verzint iets, plakt de lach eraan vast, en je hebt weer een nieuwe lach. Zo heb je de kerstmannenlach, de giebellach, de ezellach, de varkentjeslach, de koninginnenlach, de operalach en ga zo maar door.

De lach wekt ook de creativiteit en de humor op en na een aantal soorten lach geoefend te hebben kunnen de mensen eenvoudig zelf een nieuwe lach verzinnen. Het is heel leuk om dit aan te laten sluiten op het thema waar men mee samenkomt of op het vak dat zij uitoefenen. Kun je begrijpen hoe ik gelachen heb bij de mensen van de uitvaartvereniging?

Lachmeditatie

Stilte is een heerlijk einde van een lachworkshop. Wat zo mooi is, is dat door het beoefenen van de lach daarvóór, de lach in die stilte spontaan omhoog kan komen. Je lichaam is in beweging geweest en heeft de smaak te pakken gekregen.

In India zeggen ze het prachtig – het is de bedoeling dat dan de lach vanzelf als een fontein omhoogkomt. Soms gebeurt dit vanzelf, soms niet. Ik leg het wel altijd uit zodat mensen niet het gevoel hoeven te hebben dat ze stil moeten zijn. Maar stilte mag, dat is ook een heerlijke ervaring. Ontspanning en rust die in je lijf zakken na een lachsessie.

Een standaardlachmeditatie gaat als volgt: je nodigt de mensen uit een opbouwende lach te doen. Iedereen doet alsof, tenslotte hebben we dat juist al die tijd geoefend, en we beginnen met een zachte grinnik. Daarna maken we de lach luider en luider, totdat het uitmondt in een dijenkletser. Luid en met kloppen op de benen. Wanneer je: 'Ssssttt' zegt dan is iedereen stil. Of probeert stil te zijn en het lichaam waar te nemen.

De lachmeditatie kan staand, zittend of liggend gedaan worden. Alle drie de varianten hebben hun eigen dynamiek. Het is heerlijk om te liggen omdat het lichaam dan bezig kan zijn met de lach en verder niets hoeft. Maar soms is die gelegenheid er niet, bijvoorbeeld bij bedrijven. Dan is het handig om dezelfde meditatie staand te doen. Natuurlijk mogen mensen elkaar aankijken, dit is zelfs de bedoeling.

Soorten sessies

Lachsessies kunnen aan de omstandigheden worden aangepast. Lach je bij een sportschool dan kun je meer actieve elementen inbrengen, lach je op een kantoor met boekhouders dan begin je rustiger en kun je moeilijk rennen tussen de bureaus door. Een lachsessie kan tien minuten duren als *icebreaker*, maar ook twee uur met veel tekst en uitleg. Het formulier dat ik vaak gebruik voor eigen onderzoek is achter in dit boek opgenomen. Afhankelijk van de groep pas je de snelheid, interactie en volume aan.

Oudere mensen zullen meer zitten en zij houden ook van zingen. Zingen en lachen is een heerlijke combinatie. Kinderen kun je het beste in een gymzaal laten lachen omdat ze bij iedere oefening ook gelijk rondjes rennen.

Ook door je kleding kun je je aanpassen aan je doelgroep. In pak in een kantooromgeving en kleurrijke kleding bij kinderen. Zorg ook voor kleurige kleding bij ouderen omdat hun gezichtsvermogen vaak verminderd is, zo kunnen ze je toch herkennen. De ene groep heeft behoefte aan veel uitleg, de andere wil gewoon iets gaan doen. Dames van 40+ zijn de schaamte voorbij en lachen vaak heel gemakkelijk, pubers kijken naar elkaar en vragen zich af of ze niet heel gek doen. Leef je in in je doelgroep voor je met ze gaat lachen.

Een anekdote: ik ging eens lachen met demente bejaarden. Een heerlijke groep, maar de lachyoga zoals wij die kennen bleek daar geheel niet geschikt voor te zijn. Omdat we veel gebruik maken van ons voorstellingsvermogen, bijvoorbeeld bij de koninginnenlach, kunnen wij eenvoudig een lach opwekken. Maar deze mensen zijn dit voorstellingsvermogen voorbij en leven in hun eigen werkelijkheid. Een van de dames keek me aan het eind vriendelijk aan en zei tegen me: 'Je bakte er niets van hè', en sloeg daarmee de spijker op zijn kop. Ik ben heel dankbaar voor deze ervaring en ik heb geleerd dat ik beter ben in het opleiden van de mensen die met deze doelgroep werken dan zelf voor deze groep te gaan staan. Zij kunnen de juiste vertaalslag maken en de kernkwaliteiten van de lachyoga gebruiken om in te zetten in hun werk.

Lachclub

Interactie is het belangrijkste element tijdens een lachclub-avond (of -middag of -ochtend). We proberen allerlei soorten lach uit, naast de veertig basisoefeningen zijn er al wel honderden bijgekomen, en is er een podium voor lachyogabegeleiders die hun workshop of verhaal willen uitproberen. Het is de bedoeling dat deze bijeenkomsten met elkaar samen worden gemaakt, al is het vaak zo dat iemand leiding geeft en aangeeft wat de bedoeling is.

De lachclubs zijn laagdrempelig en voor iedereen toegankelijk. Dit past binnen de sociale doelstelling van dr. Madan Kataria. Hij vindt dat iedereen in de gelegenheid moet kunnen zijn om de gezonde lach te beoefenen. De lachclub verzorgt een omgeving waarbij dit mogelijk is. Daarnaast is de lachclub voor een lachyogabegeleider een mooie manier om gevonden te worden door mensen met belangstelling voor een lachworkshop. Naast de lachclub kan de lachyogabegeleider op pad gaan om op locatie, bij de mensen thuis of op het werk, een workshop te verzorgen.

Feesten en partijen

Feestjes zijn een uitstekende gelegenheid voor een lachworkshop. Denk hierbij bijvoorbeeld aan familie- en vrijgezellenfeesten. Omdat je in een korte tijd veel plezier maakt met elkaar en daardoor verbinding creëert, is de lachworkshop heel geschikt. Je leert elkaar beter kennen op een ander, dieper niveau.

Wel is het van belang dat er geen of weinig alcohol genuttigd wordt. De lach is tenslotte *serious business*. Alcohol heeft hier een averechts effect op. Ik vraag aan groepen om de dag met de lach te starten zodat de lach de hele dag bij ze kan blijven en de groep activeert om nog andere dingen te ondernemen. Mocht er daarna een glaasje alcohol zijn dan is dit pret-verhogend.

Bedrijven

Tijdens de lachworkshop voor bedrijven ligt de nadruk op *teambuilding*. De lachworkshop bevat allerlei teambuildingselementen, waaronder veel contact maken. Tijdens het contact kijken mensen elkaar aan, meestal langer dan ze in het dagelijks leven gewend zijn. Ook raken ze elkaar aan door elkaar schouderklopjes te geven of elkaars handen te schudden. De lach wekt ook de creativiteit op en bij een lachworkshop voor bedrijven wordt van de deelnemers ook enige creativiteit gevraagd. Het is heel leuk om op het eenvoudige niveau van de lach met elkaar iets nieuws te creëren. Het stimuleert het samen doen, samen lachen en samen iets laten zien. Door de pas gecreëerde lach te laten zien aan anderen helpt het de deelnemers om meer van zichzelf te laten zien.

Ik ben ervan overtuigd dat samen lachen helpt bij de vorming van vriendschap. Dus lachen op de werkvloer zorgt ervoor dat pesten vermindert, onvrede oplost en het team beter samenwerkt.

40 basisoefeningen

Ik ben dankbaar als er gelachen wordt, behalve wanneer de melk me uit de neus spuit.
Woody Allen

Lachclubs hebben veel lachoefeningen uitgeprobeerd. Daarnaast heeft dr. Kataria samen met zijn vrouw allerlei oefe-

ningen bedacht waarbij jeugdige speelsheid wordt opgewekt, de lach wordt beoefend en waar mensen veel plezier
aan ontlenen. Hier zijn de veertig basisoefeningen uit ontstaan en deze worden nu onderwezen in alle lachyoga-oplei-
dingen.

De veertig basisoefeningen heb ik in beeld gebracht en
zijn te bekijken op mijn website www.lachwinkel.nl of op
YouTube onder *lachwinkel 40 lachyoga basisoefeningen*.

1 Begroetingslach

Er zijn twee varianten, de Indiase 'namaste'-lach en de westerse handenschudlach. Bij de eerste houd je beide handen
tegen elkaar, je gaat tegenover iemand staan die hetzelfde
doet, je buigt licht en zegt: 'Hahahahaha'. Bij de Westerse
variant schud je iemands hand terwijl je de ander aankijkt
en je beiden 'Hahahaha' zegt. Je kunt ook twee handen pakken en een klein dansje maken.

2 Milkshakelach

Bij de milkshakelach stel je je voor dat je in beide handen
een beker hebt. Je giet de lachshake van de ene naar de
andere beker en zegt 'Haaa'. Je giet terug naar de eerste
beker en zegt weer 'Haaaaa'. Bij de derde keer beweegt je
hand met de beker naar je mond en je zegt: 'Hahahahaha'.
Deze variant is uit te breiden door je voor te stellen welke
heerlijkheden je in de shake kunt doen. Wanneer ik dit
vraag aan volwassen, gaat er in gedachten vaak veel alcohol in, kinderen hebben het meer over fruit en zonneschijn.

3 Telefoonlach

Stel je voor dat je hard moet lachen, maar omdat je op straat loopt is het niet zo passend. Dan pak je je mobiele telefoon en stel je je voor dat je vriendin je een hilarisch verhaal vertelt waarbij je natuurlijk flink in de lach schiet. Maar dit is geen probleem, je hebt tenslotte je telefoon aan je oor. In de lachclub of tijdens een lachworkshop oefenen we dit door onze hand aan het oor te houden en door elkaar te lopen. Je ziet mensen dan elkaar laten luisteren naar de denkbeeldige telefoon of hele verhalen terugzeggen.

4 Meterlach

Deze wordt ook wel de centimeterlach genoemd wat natuurlijk heel vreemd is. Wat is nu een centimeter? 'Hi'. Of 'Hihi' voor twee centimeter. Bij de meterlach houd je een arm gestrekt opzij, de andere hand raakt de hand van je gestrekte arm. Je stelt je voor dat je een rolmaat uittrekt terwijl je de hand met de rolmaat eerst naar je ene schouder brengt, dan naar je andere schouder en vervolgens je armen wijd open houdt. Bij iedere beweging zeg je 'Ha' en bij de laatste waarbij je je armen wijd open houdt zeg je: 'Hahahahaha'. Deze oefening maakt veel ruimte in je luchtwegen.

5 Leeuwenlach

De leeuwenlach is een populaire lach bij de lachyoga. Hij zorgt namelijk voor zuurstof op plaatsen waar deze normaal gesproken niet direct komt. Houd je handen als twee klauwen voor je, sper je ogen wijd open, steek je tong zo ver mogelijk uit en lach. Deze lach klinkt natuurlijk heel vreemd maar dat is niet erg. Je krijgt wel dorst van deze oefening.

6 Argumentlach

Dit is een van mijn favorieten. Je gaat het argument aan met iemand anders, al lachend. Je hebt daarbij je wijsvinger voor een krachtige ondersteuning nodig, want dit is een krachtige lach. Stel je voor dat je het argument aangaat, je wilt winnen, de beste zijn en boven alles gelijk hebben. Je zegt 'HahahahahaHAHAHA'. Kijk elkaar daarbij aan. Deze oefening helpt je om in je kracht te gaan staan. Je kunt nu eenmaal niet in elkaar gedoken een argument winnen.

7 Vergeeflach

Deze lach past goed bij de vorige. De Indiase variant is heel leuk om te zien en om te doen. Je houdt je oorlelletjes vast (je eigen oorlelletjes!), je kijkt elkaar aan en zegt: 'Hahaha'. Deze lach klinkt zachter en vriendelijker. Het helpt je ook om het niet erg te vinden om 'gek' te doen, het ziet er speels uit.

8 Dank-je-wel-lach

Steek je duimen omhoog en laat je waardering merken aan de andere leden van de groep. Lach. Je kunt ook het 'oké'-teken maken met je vingers. Je kunt natuurlijk ook jezelf waarderen.

9 Hete soeplach

Bij de hete soeplach stel je je voor dat je een lepel te hete soep neemt. Je slurpt het op en springt vervolgens op en neer met je tong uit je mond: 'Hahahaaaa'.

10 Zomaar lachen

Dit is wat gebeurde in het park toen dr. Kataria terugging naar de groep om uit te leggen dat we beter zouden kunnen lachen zonder reden. Ze lachten als vanzelf gedurende tien minuten. Door het aankijken en de gekkigheid van de situatie kan er alleen maar meer gelachen worden. Haal adem en zeg: 'Hahahahaha'.

11 Creditcardlach

Steek een hand plat naar voren uit en stel je voor dat het een afschrift is, je creditcardafschrift. Nu is dit niet zo leuk, je geld is er steeds af-af-af. Maar aan de andere kant, voor dat geld is wel iets leuks gebeurd, anders was het er niet af. Laat nu aan de andere leden in de groep zien wat op dat afschrift staat, je mag het niet vertellen! Je laat het zien en zegt: 'Oooh, hahahaha'. En je wijst naar andere afschriften en zegt: 'Ooooh, hahahaha'.

12 Verlegen lach

Verlegen lachen ken je vast wel. Je duikt ietsje in elkaar, kijkt verlegen omhoog en houdt je hand voor je mond. Je lacht als het ware om een hoekje. De lach is zacht en voorzichtig. Deze oefening is heel leuk wanneer de deelnemers door elkaar lopen en elkaar tegenkomend voorzichtig aankijken en lachen.

13 Lachen om jezelf

Wijs met je duim, of twee duimen, naar jezelf en lach. Bij een van de spelletjes in de lachclub gaat de persoon die af is in de kring staan, wijst naar zichzelf en lacht. Deze oefening helpt je om jezelf niet al te serieus te nemen en je ervaart dat fouten maken niet erg is. Door het opnemen in de kring blijft de deelnemer ook na het afvallen betrokken bij het spel en de hele groep.

14 Lachcrème

Lachcrème zit natuurlijk in een heel mooi potje. Draai de deksel open, haal met je wijsvinger een lik crème uit het potje en smeer dit op je gezicht. Terwijl je smeert stel je je voor dat door het insmeren van de lachcrème het lachen weer zoveel gemakkelijker gaat. Probeer maar eens. Je kunt de crème ook over je hele lichaam smeren of doe dat bij een ander.

15 Motorlach

Soms moet de lach opgestart worden. Deze oefening is gelijk een mooie gelegenheid om te spelen. Stel je voor dat je op je favoriete motor zit. De een heeft de handen hoog in de lucht en leunt relaxed achterover, de ander zit voorovergebogen op een racemonster. Je maakt een start-beweging met je hand of met je voet. Tijdens de startbe-weging zeg je: 'Hahahaha'. Maar het geluid sterft weer weg. Een tweede keer idem dito, de derde keer start de motor en rijdt er in volle vaart vandoor. Wanneer je deze oefening doet met een groep geef dan het voorbeeld door hard lachend door de groep te rennen in de 'motorhou-ding'.

16 Mentale floslach

Tanden flossen kennen we wel. Stel je dan nu voor dat je een heel lang flostouw vasthoudt met je handen aan beide zijden van je hoofd. Zeg zacht: 'Hahahaha' als je de flosdraad heen en weer beweegt. Het is heerlijk om je gedachten en hersen-spinsels los te flossen.

17 Calcuttalach

In een van de eerste lachclubs ontstond deze lach. Beweeg je handen met de palm naar voren en zeg 'Hoho'. Beweeg je handen daarna met de palm naar beneden en zeg 'Haha'. Dit kan een heel ritmische beweging zijn waarop je zelfs een dans kunt maken. 'Hoho' naar voren en 'haha' naar beneden. Beweeg je handen op het ritme van de 'hoho' en 'haha'.

18 Opbouwende lach

Deze lach gebruiken we vaak tijdens de lachmeditatie aan het eind van een lachsessie. Start met een zachte lach, lach harder en harder totdat je het uiteindelijk uitschatert en met je handen op je dijen slaat. Kijk elkaar aan tijdens de opbouw om je te laten inspireren tot nog meer lachen. Je kunt de lach eindigen met de dijenkletser, maar je kunt ook weer afbouwen tot de stille lach.

19 Geen-geldlach

Geld, dat aardse slijk, is niet wat een mens nodig heeft. Dit laat je zien door beide handen in je broekzakken te steken en je lege zakken naar buiten te trekken. Lach terwijl je laat zien dat er echt niets is.

20 Jackpotlach

Tel af om met de hele groep tegelijk in juichen uit te barsten. Iedereen heeft de jackpot gewonnen en springt op en neer, juicht, lacht, klapt en alles wat je maar bedenken kunt om je verbazing, je geluk en je blijdschap te vieren.

21 Vogellach

Dit doet denken aan de vogeltjesdans. Houd je handen onder je oksels en beweeg je armen alsof het vleugels zijn. Je kunt er ook een gek vogelloopje bij bedenken, en je lacht een vogelachtige lach. Of je spreidt je armen uit als vleugels en lacht terwijl je overal overheen vliegt.

22 Huil-lach

Jantje lacht en Jantje huilt. Je wrijft je handen in je ogen terwijl je iets in elkaar zakt en een huilend geluid maakt. Dan veer je op, je haalt je handen voor je ogen weg en lacht voluit.

23 Alohalach

Terwijl je 'Aloooooo' zegt, beweeg je je handen omhoog en je strekt je uit. Vingertoppen in de lucht en iets naar achteren. Bij 'Hahahahaha' laat je je voorover vallen en ontspan je. Laat het rekken en strekken bij 'Aloooo' zo lang mogelijk duren.

24 Knuffellach

Geef elkaar een knuffel en lach terwijl je knuffelt. Je zult ervaren dat jullie lichamen tegelijk heen en weer schudden, een heel grappig gevoel.

25 Stille lach

Deze lijkt ook wel wat op de verlegen lach. Stel je voor dat niemand je mag horen, je bent bijvoorbeeld in de bibliotheek en je moet heel stil zijn. Of iedereen slaapt nog in huis. Maar je moet heel hard lachen omdat je zojuist iets grappigs hebt gehoord. Lach voluit maar heel zacht. Dit lijkt ook op de proestlach.

26 Liftlach

Kruip met de hele groep op een kluitje. Bedenk dat je allemaal in het krappe lifthokje moet passen. Je kruipt heel dicht tegen elkaar aan en de deuren sluiten zich. Iemand drukt op het knopje en de lift zet zich in beweging. Iemand start met lachen en steekt de rest aan. Beweeg mee met het schudden van de lift en lach.

27 Lachcentrum

Loop door elkaar en kijk elkaar aan. Je bent op zoek naar je lachcentrum. Wijs naar een punt op je lichaam, bijvoorbeeld je knie, je voorhoofd, je elleboog of je buik terwijl je probeert of daar je lachcentrum is. Kijk naar anderen en kijk of het lachcentrum dat zij vinden misschien ook jouw lachcentrum is. Je weet het wanneer je echt in lachen uitbarst.

28 Melkkloplach

Hier zijn twee varianten in. De eerste is dat je een beker met melk in de ene hand hebt en een klopper in de andere. Je klopt en lacht. De tweede variant doe je samen. Je staat tegenover elkaar en houdt elkaars handen vast. Tussen jullie in staat een grote ton. Samen houd je een grote klopper vast. De een beweegt nu de ene kant naar achteren en de andere naar voren, de ander volgt. Beweeg heen en weer terwijl je bij iedere beweging een krachtig 'HA' laat horen. Ga sneller en sneller.

29 Amerikaanse lach

Ook wel cowboylach genoemd. Je hebt een lasso in handen, hiermee draai je rondjes boven je hoofd terwijl je 'Hhhiiii' roept. Wanneer je de lasso wegwerpt roep je 'Hahahahaha'. Yiha!

30 Konings- of koninginnenlach
Loop door elkaar terwijl je je voorstelt dat je de koning of koningin bent. Of van adel. Je maakt je lang en je kijkt vanuit de hoogte op het gepeupel neer. Met een grote aardappel in je keel wuif je naar de mensen en zegt: 'Hah hah hah'.

31 Creatieve lach
Wees creatief. Verzin een lach. Of lach zomaar. Verras jezelf met het geluid dat je maakt. Lachen kan meer zijn dan 'hahaha'. Denk aan 'hohoho', 'hihihihi', 'huhuhuhu' en 'hoehoehoehoe'. Probeer voor de grap ook eens 'hahiho' of 'hoehiha'.

32 Lachorkest
Formeer met de hele groep een orkest. Zet er een dirigent voor. Maak bijvoorbeeld vier instrumentgroepen met ieder hun eigen lachinstrument, zoals de zware trom: 'HoHoHo' of de klarinetten: 'Hiiihiiiihiii'. De dirigent wijst aan wie kan beginnen en wie invalt. Het eindigt met een prachtig slotakkoord.

33 Opwekkende lach
Een van de deelnemers ligt op de grond met de ogen dicht. De groep gaat hieromheen staan en wekt de liggende deelnemer met de lach weer tot leven.

Je kunt ook allerlei soorten lach in een thema verwerken. Tijdens een workshop of lachclubavond kan dit 'uitgespeeld' worden wat vaak als hilarisch wordt ervaren.

34 Vliegveldlach

Denk hierbij aan: rennend met je koffer op wieltjes door de hal, de 'ik ben te laat'-lach, inchecken bij het poortje – die natuurlijk afgaat – 'Hahaha' –, de lachend veiligheidsinstructies gevende stewardessen en de mannen met de lichtgevende borden die het vliegtuig naar zijn plek loodsen. Bedenk zelf andere varianten op dit thema.

35 Huishoudelijke takenlach

Huishoudelijke taken vinden we niet leuk. Maar wanneer je ze doet met een lach op het gezicht wordt het al veel gemakkelijker. Oefen met de groep met de ramenzeemlach, de afwaslach, de strijklach of de stofzuiglach. Laat de groep andere huishoudelijke taakjes verzinnen.

36 Feestlach

Het is feest en iedereen is uitgenodigd. Zet een gek hoedje op, schmink je gezicht en hang slingers op. Tijdens het feest heb je het lachgesprek, de lachdans, de ballonnenlach en de uitbundige lach.

Natuurlijk hoeft niet alles staand. Vrijwel alle oefeningen kunnen zelfs ook zittend gedaan worden en er is ook een aantal vloeroefeningen.

37 Roeilach

Ga achter elkaar zitten. Zit met de benen wijd en dicht bij elkaar, alsof je in een kano zit. Maak dan allemaal tegelijk een roeibeweging. Drie grote slagen met 'Ha', 'Ha' en 'Ha'. Bij de laatste keer laat iedereen zich achterover vallen, strekt de armen uit en roept: 'Hahahahaha'. Je ligt dan als het goed is met je hoofd op de buik van degene achter je. Deze oefening is ook heel leuk met kinderen.

38 Duizendpootlach

Ga om en om liggen met de hoofden naast elkaar. Strek je armen en benen in de lucht. Van een afstandje is het dan net een duizendpoot. Lach een opbouwende lach. Door naast elkaar te liggen en elkaar te horen moet je vaak nog meer lachen. Wiebel met je armen en benen.

39 Buiklach

Dit is een interessante oefening en het vergt altijd enige tijd om deze op te bouwen. Ga om en om op elkaars buik liggen. Je kunt zo een hele mat vullen met iedereen die met het hoofd op een buik van iemand anders ligt. Wanneer je lacht dan gaat het hoofd dat op je buik ligt vanzelf heen en weer. Wat weer heel grappig is waardoor er meer gelachen wordt. Een deinende massa van lachende en bewegende hoofden.

40 Bulls-eye-lach

Vorm een cirkel door met de hoofden naar het midden te gaan liggen. Door elkaar te horen en te zien lachen moet je vanzelf meelachen. Ook hier kun je, net als bij de duizendpootlach je handen en voeten in de lucht steken om nog meer te lachen.

Lachworkshop leiden

*Als je verstandige bevelen geeft, zal men jou met
plezier gehoorzamen.*
Thomas Fuller

Vooraf

Wanneer je een lachworkshop geeft of organiseert, houd
dan vooral rekening met de ruimte en met het geluid. De
ruimte dient groot genoeg te zijn om de hele groep te laten
bewegen, een lachyogaworkshop is heel actief. Omdat veel
lachende mensen bij elkaar veel warmte produceren is het
ook prettig als er frisse lucht toegevoegd kan worden. Dit
kan door een raam of deur open te zetten of de airco te laten
draaien. Het is jammer als de mensen het Spaans benauwd
krijgen van het lachen, dan schiet je je doel voorbij.
Ik maak het weleens mee dat de ruimte te krap en te warm
is. Dit los ik op door de oefeningen in een rustiger tempo aan
te geven, tussendoor adem te halen en even 'uit te hangen'
en meer water te drinken.
Houd er ook rekening mee dat veel lachende mensen heel
veel decibellen voortbrengen. Ik waarschuw de organisatie
waar ik naartoe ga altijd, zodat we niet naast een stilteruim-
te terechtkomen of dat aan de andere kant van het dunne
wandje net een meditatiegroep bezig is. Hoe leuk en aan-
trekkelijk de lach ook is, het kan ook storend werken.
Regelmatig lach ik met een groep in een park. Bij mooi weer
is dit heerlijk natuurlijk. Wel kan de groep gemakkelijk uit-
waaieren omdat er geen grenzen zijn aan de ruimte, het geluid kan wegwaaien en er kan publiek toestromen. Niet alle
deelnemers vinden het prettig om bekeken te worden door

anderen, bij de lach geef je tenslotte ook iets van jezelf bloot. Daarom geef ik er de voorkeur aan om binnen te werken.

Contra-indicaties

Lachyoga is geen wondermiddel en geen substituut voor welke medische behandeling dan ook. Wel kan het aanvullend en preventief werken. Lachen is niet passend voor iedereen. Omdat het fysieke kracht behoeft en omdat er druk ontstaat op het middenrif is het minder of niet geschikt voor mensen met extreme last van:

- Hernia
- Hardnekkige hoest
- Epilepsie
- Zeer hoge bloeddruk
- Zwangerschap
- Veel urineverlies
- Zware rugklachten
- Grote psychiatrische ziektebeelden
- Alles met acute symptomen

Mensen die een grote medische ingreep hebben ondergaan en interne of externe hechtingen hebben dienen een periode van zeker drie maanden te wachten voor ze (weer) starten met lachyoga. Het lichaam heeft de tijd nodig om in rust te herstellen. Bij twijfel dient een deelnemer altijd raad te vragen aan zijn huisarts. De aansprakelijkheid ligt altijd bij de patiënt zelf en niet bij de workshopleider.

Ademhaling

Ademhaling is een wezenlijk onderdeel van de lachyoga. Tijdens een workshop leg ik in het begin al het belang van ademhalen en met name de uitademing uit. Het is handig om de ademhaling in het begin te oefenen, dan kun je deze later eenvoudig een aantal keer inpassen in je programma. Hij gaat als volgt: adem in en strek je handen boven je hoofd en leun iets naar achteren. Op de uitademing zeg je 'Aaaaah-hhh' en buig je voorover. Het maakt niet uit hoever je strekt, de een kan tot zijn tenen, de ander blijft bovenin ergens hangen. Comfort is het belangrijkste. Herhaal dit, maar buig nu in twee etappes. Zeg 'Aaaahhh aaaahhh', alsof je 'Heh heh' zegt. Dat ontspant lekker. Doe dit nu een laatste keer en lach 'Hahahahahaha' bij het buigen. Blijf even loom hangen en kom dan rustig overeind.

Tijdens de workshop kun je spelen met ademhaling, net zoals je kunt spelen met de lach. Doe een hele diepe adem of juist een hele oppervlakkige. Laat mensen het verschil voelen en ervaren. Adem is de basis van alle leven, wanneer je je hiervan bewust bent terwijl je ademhaalt dan bevind je je meteen in een meditatief moment. Het nu.

Presenteren

Presenteren is een kunst, maar wel een kunst die te leren is. Hoe zorg je voor een fit en alert publiek met aandacht voor jouw verhaal? Hoe voorkom je verwardheid en onbegrip? Het belangrijkste wat je moet onthouden van presenteren is context boven inhoud. Dit klinkt misschien vreemd. We zijn geneigd onze ideeën en lessen zo snel mogelijk door te geven. Bij een lachworkshop bestaat zeker de kans dat je te snel in de oefeningen rolt en zo voor verwarring zorgt. Wanneer je je bewust bent van de context dan kijk je eerst naar andere dingen. Een goede context creëert een veilige omgeving waarbinnen de deelnemers zich bloot kunnen geven.

Een deel hiervan is in het eerste deel van dit hoofdstuk genoemd. Je houdt in de gaten hoe het staat met de ruimte. Is er voldoende frisse lucht, kan men vrijuit geluid produceren. Wanneer je arriveert, maak dan contact met je publiek. Als je de kans krijgt dan kun je iedereen een hand geven. Probeer daarbij een of twee namen te onthouden van deelnemers, dit kun je altijd gebruiken tijdens je presentatie. Haal adem. Zorg voor een stevige gronding, je voeten iets uit elkaar, haal adem en kijk je publiek rustig aan. Voel je je niet rustig? Adem rustig vanuit je buik, je wordt dan vanzelf kalmer. En blijf kijken.

Stel aan het begin van je presentatie een of twee vragen. Betrek iedereen binnen deze twee vragen. Bijvoorbeeld: 'Heb je ooit weleens gelachen zonder reden?' of 'Heb je weleens gehoord van lachen zonder reden?' Spreek je publiek aan met 'je' of 'u' maar niet met 'jullie'. Je groep bestaat uit allemaal individuen die het liefst een-op-een aandacht willen. Net zoals ik jou in dit boek aanspreek met 'je' of 'jou', zo doe je dit ook met de groep waar je voor staat.

Spreek je waardering uit voor de uitnodiging door de organisatie of groep en dank de deelnemers voor hun tijd en aanwezigheid. Laat ook weten wie jij bent. Stel jezelf voor en vertel ook welke ervaring je hebt en waar jij voor staat. Als laatste vertel je wat de deelnemers na afloop kunnen gaan merken en iets over wat ze te wachten staat. Mensen schrikken wanneer ze ineens geconfronteerd worden met vreemde dingen. Ik vertel bij workshops over de gekke oefeningen die ik met de deelnemers zal doen waarbij ze waarschijnlijk een stapje buiten hun comfortzone zullen zetten. Daarbij nodig ik ze uit om dit uit te proberen zodat ze kunnen ervaren hoe de lach speelsheid en creativiteit opwekt.

De vragen, waardering, vertellen over jezelf en de uitnodiging om mee te spelen behoren allemaal tot de context.

Opwarmen

Bij de onderdelen van een lachsessie heb ik een aantal oefeningen beschreven die je kunt doen bij de opwarming. Denk aan dansen, het losdraaien van de scharnierpunten enkel, knie en heup, wat je kunt uitbreiden met pols, elleboog, schouder en nek. Ook de heupen losdraaien is een mooie oefening. Draai rondjes of achtjes, langzaam met 'hoooo', sneller met 'ha-ha-ha' en snel heen en weer bewegen met 'hahahahahaha'.

Het is belangrijk om de groep op te warmen. Ze komen langzaam maar zeker in de stemming, raken afgestemd op elkaar, op de ruimte en op de workshopleider en wennen aan het idee dat er straks toch echt gelachen gaat worden. Wanneer je er tijdens de opwarming al wat korte lachjes in verwerkt dan gaat dit vanzelf.

Bij het opwarmen hoort ook kennismaken. Soms zijn er groepen waarin de mensen elkaar niet of nauwelijks kennen. Dan is kennismaken op een lachyogamanier ook heel nuttig. Gebruik hiervoor de begroetingslach uit het vorige hoofdstuk. Je kunt ook allebei de soorten doen. Uitgebreider kennismaken is nooit verkeerd.

Een andere oefening heb ik van een Belgische collega: ontmoet elkaar, ga tegenover elkaar staan en doe allebei tegelijk het volgende: trek je schouders op, schud je hoofd en zeg: 'Ik ben niet gestrest, ik ben helemaal niet gestrest'. Dit is zowel een oefening om de schouders en nek los te maken als een moment om elkaar te ontmoeten. Let op: het is een pittige oefening, sommige mensen zitten heel vast in de nek en schouders. Daar waarschuw ik dan ook altijd voor. Doe deze oefening met overtuiging, maar rustig.

De juiste lachoefeningen

Hoe weet je wanneer je de juiste lachoefeningen kiest? Doordat de groep reageert en doordat je er zelf veel plezier aan beleeft. Kijk goed naar de leeftijd en de samenstelling van de groep, de groepsgrootte en de ruimte waarin de workshop plaatsvindt. Pas daar je oefeningen op aan.

Jonge mensen hebben veel beweging nodig, ouderen houden van zingen en volwassenen op kantoor willen ook iets serieus en iets leren. Bij de een leg je meer uit, bij de ander doe je alleen maar. Doe vooral oefeningen waar je zelf veel plezier aan beleeft, dan kun je het goed overbrengen en zullen mensen gemakkelijker meegaan in de lach.

Wil je oefenen met het overbrengen van de lachyoga? Doe mee in een van de lachclubs in Nederland of België. Zij zijn ervoor om met elkaar te delen, te oefenen en te groeien.

Wanneer je op pad gaat en je hebt geen goede zin, start dan in de auto al met een aantal lachoefeningen. Als je achter het stuur alleen al een paar keer 'Hoho, haha, hoho, haha' zegt dan komt de lach vanzelf bij jou.

Ben je in het begin onzeker? Houd dan een lijst met mogelijke oefeningen bij de hand. Ik heb in eerste instantie een korte reminder gemaakt voor mezelf. Wat doe ik bij de start, wat vertel ik in de groep. Daarnaast een overzicht met opwarmingsoefeningen, de veertig basisoefeningen en een aantal mogelijke afsluitingen. Zo heb je een handig spiekbriefje en niemand vind het gek als je even kijkt om de leukste oefening voor speciaal deze groep uit te zoeken.

Afsluiting

De afsluiting is afhankelijk van de groepsdynamiek en de behoeften na de workshop. De ene groep wil *up-tempo*, met heel veel energie eindigen en de andere wil heerlijk op matjes liggen en ontspannen. In de ene ruimte kun je niet meer dan op een kluitje staan en in de andere is er voldoende ruimte, en is de vloer voldoende schoon, om uitgestrekt te liggen. In een studentenhuis kan zo ongeveer alles, op kantoor moet je je echt aanpassen.

Een echte up-tempo afsluiting kan de rode loper zijn. De rode loper is een feestelijke viering en heel leuk bij vrijgezellenfeesten of een feest waarbij iemand in het zonnetje wordt gezet. Het publiek wordt aan weerszijden van de rode loper geplaatst en barst in luid gejuich en applaus uit wanneer daar de ster van de dag of avond over de rode loper loopt. De ster ontvangt natuurlijk het applaus en alle waardering met een groots gebaar en neemt hier de tijd voor. Uiteindelijk kan iedereen over de rode loper lopen en ervaren hoe het is om zoveel applaus en waardering te krijgen.

De lachmeditatie is kalmer. Deze kan zowel staand als zittend als liggend gedaan worden. Wanneer je staat of zit dan is het ook heel leuk om elkaar aan te kijken. De lachmeditatie liggend doen heeft als voordeel dat de deelnemer even het lijf kan 'loslaten' en in de lach kan opgaan. Je kunt daarna ook eindigen met stilte of hele zachte muziek. De techniek van de lachmeditatie is beschreven in het hoofdstuk over de onderdelen van een lachsessie.

Creatief

De lach helpt je om je vrijer te bewegen en zo je creativiteit te stimuleren.

Laat de groepen zelf een soort lach verzinnen. Zij vinden dit vaak heel leuk en komen met de mooiste vondsten. Naast de genoemde thema's in de veertig basisoefeningen kun je natuurlijk oneindig veel thema's toevoegen. Denk aan het ziekenhuis, de verkeersregelaar, het kantoor, de politie, de putjesschepper, de boer (met kiespijn), de muziekles, het diner, de begrafenisonderneming, et cetera. Wanneer je op ideeën komt doordat een groep met mooie creatieve ideeën komt, denk eraan deze gelijk toe te voegen aan je eigen lijst van lachoefeningen.

Je kunt de lachoefeningen ook doen tijdens een reguliere yogales. Bij iedere uitademing kun je ook 'Hahaha' zeggen. Dus de kat wordt ineens heel anders. Ook kun je natuurlijk het 'Hahaha' vervangen door 'Miauw' of 'Prrrrr'. Zolang je er maar plezier aan beleeft is het goed.

Grote groepen

Lachyoga wordt over het algemeen in kleinere groepen van 8 tot 25 personen gegeven. Binnen deze groepsgrootte kun je je workshop zonder versterking van je stem geven en het is gemakkelijker om te bewegen binnen de groep. Lachyoga-docenten voelen zich hier goed bij en de workshops lopen over het algemeen gemakkelijk en gesmeerd. Grotere groepen zijn een andere tak van sport.

Bij grotere groepen moet je een aantal dingen in de gaten houden. Kunnen ze je zien, met andere woorden, heb je een podium? Ben je goed te verstaan? Er is niets zo ergerlijk als een onverstaanbare docent. Een grotere groep reageert altijd trager dan een kleine groep, hierdoor kun je minder oefeningen doen. Probeer oefeningen te vinden die passen bij de thematiek van de klant of de samenstelling van de groep.

Houd de context in gedachten, juist wanneer je voor een grotere groep staat. Iedereen een handje schudden of aankijken zal niet gaan. Creëer in gedachten subgroepen, groepjes van circa tien personen binnen de grote groep. Wanneer je rondkijkt zie dan een centrale persoon in een groepje en kijk deze persoon aan. Vervolgens kijk je naar de volgende subgroep. Zorg ervoor dat je ogen niet gaan dwalen maar neem de tijd om iemand aan te kijken. Ben je zenuwachtig? Kies dan zeker jouw eigen favoriete oefeningen uit, dan kun je daar op vertrouwen. Zorg voor een rustige ademhaling en articuleer je woorden goed. Neem de tijd. Het lijkt overdreven, maar achter in de zaal wordt dit op prijs gesteld.

Je kunt je oefeningen uitwerken en je verhaal op schrift zetten. Schrijf voor jezelf *bulletpoints* op. Een muziekstandaard is een handig hulpmiddel voor het bij de hand houden van je lesmateriaal. Zo vergeet je niets en voel je je zeker. Stel je eens voor hoe het eruitziet als je op het podium staat als een angstig, klein, bibberend muisje. Voor het publiek is dit niet prettig om te zien. Liever kijken we vanuit de zaal naar een olifant, rustig kauwend op wat stro, het publiek in ogenschouw nemend. Stel je dus voor dat je een olifant bent. Groot, kalm, geaard en je kijkt al stro kauwend over het publiek uit. Met een glimlach op je gezicht. Oefen dit in kleinere groepen, zo kun je je eenvoudig voorbereiden op de grotere groepen.

Ouderen

Ouderen vormen een hele speciale groep. Deze groep is groeiende en er is veel belangstelling voor het fit blijven door te bewegen en te lachen. Een aantal collega's werkt graag en

veel met mensen in verzorgingstehuizen. Je moet met ouderen natuurlijk rekening houden met een flink aantal beper-
kingen. Het is aan te raden de oefeningen zittend te doen.
Hiermee pas je je aan, aan degene die het minste kan en is
iedereen gelijk. Zorg voor kleurrijke kleding zodat de mensen
je goed kunnen zien, vaak is hun gezichtsvermogen niet zo
best meer en beige kleuren zijn slecht te onderscheiden.
Breng rust en toch activiteit aan in de oefeningen. Handen
boven het hoofd, rekken en strekken, een keer extra ademhalen zijn heel goed. De buren aan weerszijden begroeten
met een lach is ook vaak heel leuk. Maak oogcontact. Het is
ook mooi als mensen een bordje met hun naam op hebben.
Je kunt ze dan aanspreken bij hun naam, wat erg prettig is
voor de herkenning.

Vraag naar goede herinneringen, herinneringen die een
glimlach op het gezicht van een mens toveren. Veel mensen
zullen kinderen en kleinkinderen noemen, wat door veel
anderen wordt herkend. Zingen is ook een mooie manier om
de adem te oefenen. Daar kun je bewegingen bij maken zoals bij 'hoofd, schouders, knie en teen'. Natuurlijk raakt lang
niet iedereen zijn tenen, maar een strekking is al heel mooi.
Een oude dame geeft aan dat zij door de lachyoga, in de
twee jaar dat zij dit doet, fysiek weer sterker is geworden en
met meer plezier in het leven staat.

Kinderen

Gymzalen en kinderen passen het beste bij elkaar. Het park
kan natuurlijk ook, als het maar een plek is waar ze kunnen
rennen en springen en geluid kunnen maken. Houd rekening met de kortere aandachtspanne van de kinderen, een
lachworkshop is vaak na een half uur wel klaar.

Een van de leukste oefeningen met kinderen is het opblazen van de ballon (oefenen van de lachspieren in het gezicht). We doen alsof we allemaal een ballon opblazen en die wordt groter en groter en groter. We geven met onze handen aan hoe groot, opscheppen mag. Maar op een gegeven moment is de ballon zo groot geworden, ineens vliegt hij dan weg. Je rent erachteraan terwijl je de rare bewegingen van de ballon probeert te volgen en je het geluid maakt van de leeglopende ballon 'Pppffffrrrr'.

Kinderen zijn ook gek op de lachshake en weten dit vol te stoppen met de meest leuke, lekkere en creatieve dingen. Maar weinig kinderen voeren snoep aan als bestanddeel, ze komen eerder met heerlijkheden als aardbeien, banaan, zonneschijn, liefde, kusjes geven, warmte, hun kleine broertje, rennen, spelen en vlinders.

Speel mee, dans, huppel en spring. Wanneer je ze even stil wilt hebben, wat soms nodig is om een nieuwe oefening uit te leggen, leerde ik het volgende van een collega. Dit is een variant op 'Annemaria koekoek'. Leg in het centrum van de ruimte een herkenningspunt: een hoepel, een gekleurde stip, of wat ik deed, een meditatiekussen. Ga op de stip staan en strek je uit, een hand in de lucht en roep heel hard '1'. Alle kinderen moeten dan stil blijven staan op de plek en in de houding waar ze dan staan. Ook moeten ze ineens heel stil zijn. Bij '2' komen alle kinderen naar het midden waar jij staat en bij '3' gaan ze stil zitten. Oefen dit een paar keer. Je kunt ook wat spelen met '1', '2' en '3'. Kinderen vinden dat heel leuk.

Lachclub

De lachclub biedt een podium aan mensen die de lach willen beoefenen en willen delen. In Wageningen ben je van harte welkom om te oefenen, vragen in de groep te bespreken en plezier te maken. Ook doen we hier weleens oefeningen uit de theatersport omdat deze een mooie aanvulling vormen op de lachyoga. Iedere avond is weer een andere. Je leert hier meebewegen met de flow van de groep die iedere keer anders is en anders aanvoelt.

Ook als je een keer wilt ervaren hoe een workshop gaat, kom dan gerust naar de lachclub toe. Kijk voor een actueel overzicht op www.lachwinkel.nl onder 'lachclub'. Hier staan ze allemaal op een rijtje.

Opleiding

Wil je de lach meer toelaten in je eigen leven en verspreiden in jouw omgeving? Overweeg dan eens om de opleiding tot lachyogabegeleider te doen. We noemen dit Laughter Yoga Leader. In een tweedaagse training leer je de veertig basisoefeningen overbrengen, je leert hoe je een groep in beweging krijgt, je leert hoe je met speciale groepen omgaat en je leert de lach als instrument in te zetten. Daarnaast krijg je een internationaal erkend diploma en toegang tot een bijzonder netwerk van lachyogacollega's over de hele wereld.

Energie

Geld verdienen met lachyoga

*God staat me toe zo veel geld te verdienen omdat Hij
weet dat ik het weer weg zal geven.*
Edith Piaf

In het hoofdstuk 'Doelen stellen' heb je als het goed is ook je
doelen met betrekking tot geld genoteerd. Hier gaan we
daar dieper op in.

In geld uitgedrukt

Specifiek aangeven wat je wilt verdienen is heel belangrijk.
Dit kun je noteren als een statement. 'Binnen nu en één jaar,
dus voor ..... (datum), wil ik ...... verdienen.' Schrijf ook op
of dit bruto (wat je krijgt) of netto (wat je overhoudt) moet
zijn. We geven hier wel een datum aan terwijl ik eerder heb
gezegd dat je je doelen niet SMART zou moeten stellen. Het
gaat hier ook niet om de einddatum, maar om het bereiken
van je doel vóór deze datum. Dit kan dus ook binnen een
maand al gebeurd zijn.

Toen ik begon als lachyogadocent had ik in het eerste jaar
een omzet van 10.000 euro. Ik wist nog niet wat ik moest
vragen en ging voor iedere kleine workshop op pad. Ik vond
het reuze veel. Maar het jaar daarop verdrievoudigde ik dit
naar ruim 30.000 euro. Ik had namelijk een doel gesteld. En
ook al had ik toen ik het doel stelde geen idee hoe ik dit doel
zou moeten bereiken, ik besloot dat ik drie keer zoveel wilde

verdienen. Dus ik schreef op: 'Ik, Saskia van Velzen, heb per 31 december 30.000 euro verdiend met de lach.' Aan het einde van het jaar bleek ik zelfs nog hoger uit te komen. Zelfs al weet je niet hoe, als je eerst weet wát dan wordt het hóé aangereikt.

Tijd

Tijd is je belangrijkste bezit. Je hebt er niet zoveel van, dus het is zaak je tijd zo goed mogelijk te benutten. Wanneer je workshops geeft, ben je natuurlijk niet alleen tijd kwijt aan de workshop zelf. Ik reken voor een uur workshop totaal vijf uur werk. De workshop zelf duurt nooit alleen een uur. Je komt eerder omdat je spullen wilt klaarzetten en op tijd wilt zijn. Na de workshop loopt het vaak uit. Mensen willen nog even een praatje maken en je moet je spullen weer verzamelen. Voor beide reken ik een halfuur. Dan is er de reistijd zelf. Ik weet natuurlijk niet hoe dit voor jou is, maar ik zit regelmatig ruim een uur rijden van de workshop af. Soms is het anderhalf, soms bij wijze van spreken om de hoek, gemiddeld een uur. Deze twee uur voeg ik toe aan het lijstje. Uiteindelijk houd ik nog een uur over. Ik neem vaak flesjes water mee voor de deelnemers. Het water moet ik natuurlijk wel inkopen. Ik moet ook thuis mijn spullen verzamelen, inpakken en bij thuiskomst vice versa. Daarnaast heb ik mijn administratie, beantwoord ik aanvragen, maak ik afspraken, stuur ik facturen en doe ik mijn boekhouding. De boodschappen en administratie vallen onder dit laatste uur.

Hoeveel workshops wil je geven? Hoe vaak wil je op pad? Hoeveel mensen wil je in je lachclub? Hoeveel mensen wil je bereiken? Stel dat je duizend mensen wilt bereiken met de lach. Ga je dan duizend keer op pad om een-op-een de lach over te dragen of ga je honderd keer op pad voor groepjes van tien? Of ga je liever tien keer op pad voor groepen van honderd? Je kunt natuurlijk ook één keer een workshop geven voor duizend mensen, dan ben je in een keer klaar. Wat vind jij reëel, leuk, interessant en spannend om te doen?

Goedkoop

Vraag jij wel genoeg geld aan je klanten? Ik durf te wedden dat je te weinig vraagt. Dit is een Nederlandse gewoonte, ondervragen. Soms durven we niet genoeg te vragen. We hebben overtuigingen zoals 'we doen allemaal hetzelfde' en 'wie ben ik om te dit te vragen' of we verwachten dat mensen niet willen betalen. We vragen het niet eens, we vullen het gewoon in. Een kleine rekensom om een idee te krijgen van je waarde.

Stel dat je 24.000 euro wilt verdienen met lachen. Hoe vaak ga je op pad om een workshop te geven, honderd keer? Dan heb je honderd productieve uren, dit zijn de uren waarmee je je geld verdient. Je moet dan minimaal een uurtarief van 240 euro rekenen om uit te komen. Ga je onder die 240 euro op pad, dan snijd je jezelf in de vingers.

Stel dat je 24.000 euro wilt overhouden. Uitgaande van de helft aan directe kosten (reiskosten, voorbereiding, water, lesmateriaal, afschrijvingen) moet je 48.000 euro omzetten. Blijf je bij dezelfde hoeveelheid workshops dan moet je uurtarief al 480 euro zijn. Wat wil jij verdienen? En wat moet je uurtarief zijn bij het aantal workshops dat je wilt geven? Komt het niet helemaal uit? Wordt je uurtarief of het aantal workshops te hoog? Of moet je je verdiensten naar beneden bijstellen, wat je niet wilt? Bekijk het eens op een andere manier, vanuit het 10.000 dollar-idee.

10.000 dollar-idee

Anders kijken naar geld kan op verschillende manieren. Voor mij was deze opdracht een *eye opener*. Het komt uit Amerika, vandaar de dollars. Je kunt dit uiteraard vervangen door euro's. Stel dat je van je klant 10.000 dollar zou vragen, wat zou je daar voor kunnen bieden?

Een van de voorbeelden die ik hoorde was van een vrouw met een outlet 'haute couture'-winkel. Ze had een locatie in 't Gooi waar ze echte haute couture verkocht, maar dan een of twee jaar oud: de outlet. Ook zij kreeg deze uitdaging. Zij bedacht dat haar Gooise klanten voldoende geld hadden en besloot een ervaring te bieden. Ze nam een klein groepje klanten mee naar New York voor een volledig verzorgde trip. Ze gingen op bezoek bij de echte haute couture-winkels, hielden een lunch of diner met een echte designer waar ze dan een echte jurk mochten uitkiezen. Ze kregen ook een volledige manicure, pedicure en noem maar op. De reis duurde twee of drie dagen en was iedere keer volgeboekt. Het werd ten slotte haar belangrijkste product, de winkel werd bijzaak.

Abraham Hulzebos heeft zijn hart verpand aan India. Nu heeft hij zijn eigen reisbureau waarmee hij bijzondere en speciale reizen naar India organiseert en begeleidt. De lachyogareis rond de jaarwisseling vind ik een fantastisch voorbeeld van het 10.000 dollar-idee. Met een paar deelnemers heeft hij zijn 10.000 dollar bij elkaar.

Goed, ook ik heb mijn 10.000 dollar-idee nog niet uitgewerkt. Maar het is een leuke uitdaging en het geeft een heel ander beeld van geld en wat je ervoor kunt bieden. Bedenk eens wat jij zou kunnen bieden voor dit geld. Denk daarbij aan de unieke kwaliteiten waar we allemaal zo verschillend in zijn.

Onze liefde voor reizen, muziek of dans of onze talenten om te organiseren, te schrijven of te zingen. Een van mijn studenten, Ilse Huizinga, gebruikt lachyoga tijdens haar zangtraining. Ze houdt van reizen. De zangtrainingen geeft zij in wereldsteden als Parijs en Rome. Bij jou kan het weer iets heel anders zijn, misschien kun je wel heel goed tafels dekken. Bedenk dan eens wat je daarvan zou kunnen en willen overdragen aan anderen.

Het is een vak

Serieus, het wordt tijd dat we ons vak serieus gaan nemen. Je doet eerst eens mee aan een leuke lachworkshop, lachen nietwaar? Dan blijkt het zelfs een heus vak te zijn en wil je graag zelf workshops gaan geven. Je wilt de lach verspreiden. Je volgt een cursus en je begint met een hobby die geld oplevert in plaats van geld kost. Maar dan komt er zo'n kriebelmoment. Je wilt je baan opzeggen, of tenminste minderen, omdat de lach je zoveel energie blijkt te geven dat je meer wilt geven, meer wilt delen. Je neemt voor een deel ontslag en je schrijft je in bij de Kamer van Koophandel. Je wordt een heus bedrijf. Daarmee kom je op een keerpunt. Ik zie veel collega's die moeite hebben hun hoofd boven water te houden. Hoeveel workshops of lessen ze ook geven, het blijft dobberen en ploeteren. Ik ben ervan overtuigd dat dit ook komt omdat ze ondervragen. Toen ik begon aan mijn ondernemerslessen kreeg ik de uitdaging om mijn prijzen te verdubbelen. Ik heb het gedaan. Wat bleek, het aantal workshops nam af, een deel van de mensen wil niet zoveel betalen, maar mijn totale verdiensten namen toe. En wat nog belangrijker was, mijn vrije tijd nam toe. In de overgebleven tijd kan ik mijn producten verbeteren, heb ik de tijd om dit boek te schrijven en kan ik meer doen aan marketing.

Vraag jezelf eens af: vraag ik wel genoeg? Wat zou er gebeuren als je je prijzen zou verdubbelen? Denk je dat mensen weglopen? Ja, vast. Maar wil je niet liever mensen die het ervoor overhebben, gemotiveerder zijn en speciaal van jou les willen krijgen? Waar mensen verdwijnen komt ruimte voor nieuwe mensen, met meer financiële middelen. Deze mensen verwachten waar voor hun geld. Natuurlijk hoef je mensen zonder geld of middelen niet in de kou te laten staan. Een paar keer per jaar zeg ik 'ja' op een vraag van een organisatie om de lachworkshop vrijwillig te geven. De lachclub geeft voor een laag tarief toegang aan mensen met een laag budget. Ze komen dan wel op de door mij bepaalde tijd en plaats.

Marketinggoeroe

Wat verkoopt beter, een fantastisch product A of iemand die een gewoon goed product B fantastisch aan de man kan brengen? Deze vraag werd me gesteld door marketinggoeroe Rich Schefren. Hij gaf me het inzicht dat je product nog zo fantastisch kan zijn, als niemand het kent, dan zul je het niet verkopen. Daarnaast geldt bij lachyoga, maar ook bij andere vormen van kennisoverdracht, dat we niet alleen het product verkopen, maar vooral ook onszelf. Mensen betalen niet voor het product, maar voor de waarde die het hen oplevert. Voor een deel is die waarde speciaal aan jou gekoppeld.

Hoe breng je jezelf aan de man? Je antwoorden op de vragen bij jouw unieke bijdrage geven daar het antwoord op. Dit is jouw unieke propositie, je biedt iets anders dan je collega, al geven jullie dezelfde soort workshop.

Marketing

Het doel van marketing is de klant zo goed kennen en begrijpen dat het product of de dienst bij hem past en zichzelf verkoopt.
Peter Drucker

Marketing is de wereld laten weten dat jouw product bestaat. Maar welke wereld benader je precies? En hoe? Het deel van de wereld waar jij je op richt bestaat uit jouw doelgroep. De juiste doelgroep bepalen is van groot belang.

Doelgroep

Heb je er weleens over nagedacht wie jouw workshop afneemt? Wie zijn dit precies? Met wie werk je het liefst? Wie betaalt gemakkelijk het meest? Er is een groep waar je nooit van zult horen en er zijn mensen die er geen genoeg van krijgen. Met wie wil jij werken? Het specificeren van je doelgroep is heel belangrijk. Wanneer je je doelgroep hebt bepaald dan is het veel gemakkelijk om met ze te communiceren. Je weet welke taal je moet gebruiken, je weet waar je ze kunt vinden en je weet of kunt erachter komen hoe groot deze groep precies is. De criteria voor je doelgroep worden dus onder andere bepaald door:
- Jouw kennis en kunde
- Jouw eigen belangstelling
- Hoeveel zij ervoor overhebben
- Wie jou kan vinden
- Wie jou terugvraagt of bij jou terugkomt

Je doelgroep is de groep die het meest waarschijnlijk jouw product koopt. Weet je niet wie dit zijn dan is het een goed idee om met collega's daarover te brainstormen. Je zult zien dat je niet bang hoeft te zijn voor concurrentie. Je hebt ieder je eigen belangstelling en focus, maar je kunt elkaar wel helpen om het helder te krijgen. Om te weten hoe je vooruit kunt is het handig om terug te blikken. Maak een lijst met soorten groepen waar je eerder bent geweest. Kijk dan naar wie het hoogste tarief betaalden, waar je het meeste plezier hebt beleefd en waar je mogelijkheden tot groei ziet. Aan welke soortgelijke groepen kun je meer of hetzelfde bieden.

Klanten werven

Betalende klanten wil je natuurlijk het liefst. Maar eerst moeten ze je leren kennen. Er is een systeem dat inzicht geeft in dit proces. In eerste instantie zijn er vreemden. Deze vreemden moet je iets van jezelf laten zien, willen ze je leren kennen. Wanneer ze je eenmaal leren kennen en waarderen dan worden het vrienden. Vrienden vinden jou leuk en vertrouwen jou. Je verkoopt gemakkelijker aan vrienden dan aan onbekenden. Vrienden zijn dus al snel betalende klanten. Als jij je zaakjes goed op orde hebt en ze zijn tevreden over jouw product, je workshop of jouw optreden dan zullen ze dit doorvertellen aan anderen. Het worden ambassadeurs.

De volgorde is: Vreemden -> vrienden -> klanten -> ambassadeurs.

Deze ambassadeurs zullen vreemden voor je binnenhalen, de cirkel is rond en je begint de nieuwe vreemden te laten zien wie je bent, zo worden ze vrienden. Deze vrienden vertrouwen jou en zullen al snel klanten worden. Als jij een goed product biedt zullen ze dit verder vertellen en ambassadeur worden. Al snel komen er nieuwe vreemden met jou in aanraking.

Je hoeft geen dure advertenties te zetten om klanten te werven. De 'oude' methode is dat we een advertentie plaatsen waarin we direct ons product aanprijzen. Het liefst geven we korting zodat mensen geïnteresseerd raken. Maar je concurreert dan alleen op prijs. Niet handig, je verdiensten gaan omlaag en je maakt je product en jezelf hiermee ook minder waard. De truc zit iets anders in elkaar.

Geef gratis! Je verwacht het misschien niet, maar dit is de snelste manier om mensen van vreemden te veranderen in vrienden. Als je een bedrijf of praktijk hebt, dan heb je ook vast een website. Hoe eenvoudig is het om hier een gratis e-book op te zetten. Maar je kunt ook denken aan een gratis tienminutensessie of een aanbieding om gratis bij een bedrijf aan de directie te laten zien wat ze kunnen verwachten bij een workshop van jou. Mensen houden van gratis en daarmee al snel van jou.

Je lijst is je kostbaarste bezit

Aandacht kun je het beste vasthouden door mensen regelmatig te benaderen. Wanneer iemand jou moet vinden en blijven zoeken dan haakt hij al snel af. De lijst met namen en adressen, bij voorkeur e-mailadressen, is goud waard. Hiermee kun je mensen op de hoogte blijven houden van je product en je diensten en alle andere dingen die jij met hen wil delen. Jij kunt contact met ze opnemen en je hoeft niet te wachten tot ze contact met jou opnemen. Vrijwillige aanmelders zijn de allerbeste klanten-in-wording, zij zijn nieuwsgierig naar jou en naar je product en zullen dus ook eerder je berichten lezen. Door regelmatig contact met ze op te nemen blijf je in beeld en zullen hun gedachten eerst naar jou gaan bij een eventueel plan een workshop te volgen..

Je lijst kun je heel eenvoudig maken door op je website een mogelijkheid te maken om in te schrijven. Maar, waarvoor schrijven ze zich in? Om op de hoogte gehouden te worden? Hoeveel mensen willen tegenwoordig nog op de hoogte gehouden worden? Er is een *overload* aan informatie en men wordt informatiemoe. De meest menselijke eigenschap is om iets te willen weten waar je iets aan hebt en dat gratis te krijgen. Als je een e-boekje met zinvolle en leuke informatie kunt bieden in ruil voor het e-mailadres, vergroot je honderdmaal je kans op een goed e-mailadres én dat mensen echt iets van je willen weten. In ons vak kun je denken aan een e-boekje met tien tips om te blijven lachen of de grappigste verhalen uit de praktijk. Een e-boekje is eenvoudig te maken in het programma Word. Vervolgens sla je het op als pdf. Denk daarbij aan een mooie voorkant. Vertel in dit boekje ook iets over jezelf en je praktijk, hoe mensen je kunnen vinden en wat ze nog meer van je kunnen verwachten. Blijf informatie van waarde bieden. Waarde voor jouw lezers. Wat willen zij horen, lezen en leren? De eenvoudigste manier om daarachter te komen is vragen. Wanneer jij waarde biedt dan zullen ze misschien niet direct in actie komen, maar wel je berichten blijven lezen. Wees dan ook niet teleurgesteld als iemand zich uitschrijft. Wanneer iemand geen belangstelling heeft voor jou of jouw product, dan is het vervuiling van je mailinglijst. Je houdt de mensen over die echt geïnteresseerd zijn.

Bloggen

Bloggen, regelmatig stukken schrijven over je vak, zorgt voor belangrijke dingen als zichtbaarheid en bevestiging van je expertpositie. Je blijft zichtbaar bij de groep mensen die zich voor jouw gratis e-boek en nieuwsbrief hebben inge-schreven. Je moet natuurlijk niet alleen je blog schrijven, maar ook periodiek per e-mail laten weten dat er een nieuw blog of artikel klaarstaat voor de geïnteresseerden. Schrijf over je vak, anekdotes uit de praktijk, over dingen waar lessen uit te halen zijn – mensen leren graag – en schrijf regelmatig. Weet je niet waar je over moet schrijven? Een van de eenvoudigste dingen waar mensen gek op zijn is een lijstje. Maak lijstjes met 'de 10 tips', 'de 5 wegen naar', 'het 3-stappenplan om'. Struin internet af naar informatie. Niets van wat je zou kunnen willen vertellen is onbekend. Alles is al uitgevonden en gedeeld. Het is niet netjes om zomaar stukken over te nemen van anderen maar je kunt gerust een lijst maken met 'de 15 leukste oefeningen voor u gevonden op internet'.

Wanneer je regelmaat aanbrengt in je blog dan gaan mensen erop rekenen en blijven ze je volgen. Regelmatig is een keer per week, maar dit kan te veel voor je zijn, zeker in het begin. Blog ten minste een keer in de maand, op een vaste dag. Als je gebruik maakt van bepaalde programma's dan kun je ook vooruit schrijven. Je artikelen laat je zichtbaar worden of stuur je naar je lijst toe op een van tevoren aangegeven datum en tijdstip. *Wordpress* is een handig programma om je website te bouwen, deze geeft veel ruimte om te bloggen. *Mailchimp* is een handig, en gratis, programma om nieuwsbrieven mee te versturen en je lijsten te beheren. Kom je boven een bepaalde lijstgrootte dan moet je gaan betalen, maar tegen die tijd is dit zelfs een goed idee. Er zijn meer programma's, maar met deze heb ik goede ervaringen.

Hoe meer je blogt, hoe meer je gezien wordt. Je kunt je blog delen met meer mensen dan op je mailinglijst. Je kunt twitteren en op Facebook laten zien dat je weer een stuk hebt geschreven. Bloggen is geen snelle weg naar bekendheid of rijkdom, maar als jij volhoudt dan zal je lijst groeien. Als je lijst met een procent per keer groeit dan is het eerst een procent van weinig. Dit wordt meer en meer, de groei is exponentieel. Hoe meer je gezien wordt, hoe meer je je als expert profileert in jouw vakgebied. Hier komen we weer terug bij de vragen uit jouw unieke bijdrage. Hoe meer je vertelt, hoe meer je de onuitgesproken vraag beantwoordt waarom juist jij gekwalificeerd bent om jouw doelgroep te helpen.

Social media

Mensen willen lezen en leren van mensen, niet van bedrijven. Tenzij je Apple of Coca Cola heet. Dus presenteer je op de social media als mens en laat een gezicht zien. Zo is het of er iemand spreekt in plaats van iets. Wanneer je jouw unieke kwaliteiten laat zien in je blog en als je een specifieke groep benadert, dan hoort daar een gezicht bij. Communiceer dus niet met je logo! Hoe mooi deze ook gemaakt is, hoeveel tijd, liefde en aandacht je er aan besteed hebt, je logo is geschikt voor je website en je briefpapier maar niet voor de social media.

Valkuilen van social media zijn er legio, maar de belangrijkste zijn:

– Je presenteren als bedrijf in plaats van als mens
– Vergeten regelmatig te communiceren
– Zelf te veel blijven hangen wanneer je hier eenmaal rondkijkt

De belangrijkste sociale media om contacten te onderhouden zijn Twitter, Facebook en LinkedIn.

Twitter lijkt een vluchtig medium, maar het wordt gevolgd door veel mensen. De tijdspanne waarin men kijkt is echter kort, wanneer je Twitter zakelijk gebruikt dan zul je wel zes tot acht keer per dag een bericht moeten plaatsen. Ik twitter zelf te onregelmatig. Dus, nu ik dit schrijf neem ik me voor weer meer te gaan twitteren. Er is een methode om dit te reguleren zodat je er niet de hele dag mee bezig bent. In het gratis programma *Hootsuite* kun je je berichten vast klaarzetten. Dit betekent een zondagochtend even klussen, maar dan ben je zeker voor een maand klaar. Je twitterberichten moeten natuurlijk gaan over je vak, korte grappige anekdotes, oneliners. Stel vragen en verwijs niet iedere keer, maar wel tenminste een keer per dag, naar je website. Bijvoorbeeld naar een blog waar het antwoord op je vraag in staat. Leg een voorraad berichten aan. Maak een lange lijst, begin bovenaan en wanneer je onderaan bent gekomen dan… begin je gewoon weer bovenaan.

Facebook is een heel sociaal medium. Voor je het weet ben je rond aan het kijken hoe het met de familie gaat, waar iedereen op vakantie is geweest en welke leuke tekst ze nu weer gevonden hebben op internet. Kijk daarvoor uit. Het kost bergen tijd en voegt voor je bedrijf niets toe. Maak, net zoals voor familiebezoek, tijd vrij om Facebook te bekijken. Ga niet iedere tien minuten online om te zien hoe het leven er nu weer voor staat. Je hoeft niet zo veel berichten te plaatsen op Facebook als op Twitter, een tot drie keer per dag is genoeg. Je kunt ook je Twitteraccount doorlinken naar je Facebookpagina. Gebruik je Facebook ook privé, maak dan twee accounts aan. Je tweede account met je bedrijfsnaam, maar gebruik wel alsjeblieft een foto van jezelf. LinkedIn is belangrijk als je veel zakelijke contacten hebt.

Geef je veel workshops in bedrijven, kijk dan of je bij iedere uitnodiging ook kunt linken met jouw contactpersonen in deze bedrijven. LinkedIn is een steeds belangrijker wordend netwerk. Zowel LinkedIn als Facebook lenen zich er uitstekend voor om speciale groepen aan te maken. Hier kun je bijvoorbeeld je lachclub in kwijt. Op Facebook is ook een pagina 'lachclubs in Nederland en België'. Hier kun je informatie vinden over lachclubs of je eigen lachclubinformatie delen.

Je website

Professionaliteit kun je laten uitstralen door je website. Dit is je moderne visitekaartje naar de wereld. Je website laat zien wie je bent, hoe professioneel je bent en wat je te bieden hebt. Mijn eerste website had ik zelf in elkaar geknutseld met een gratis programma. Mijn familie vond het prachtig, ik was heel trots, maar veel bezoekers op de website had ik niet. Ik leerde dat het anders moest. Inmiddels is mijn website opnieuw gebouwd in Wordpress, wat heel geschikt is voor een professionele uitstraling. Ook heb ik het niet zelf gedaan. Wel kan ik zelf de inhoud beheren en artikelen, foto's en plaatjes toevoegen. Let bij het maken van je website op een paar belangrijke punten.

Je website moet professioneel ogen. Denk aan een heldere 'over-ons'-pagina, deze gegevens haal je uit het hoofdstuk 'Jouw unieke bijdrage'. Op de homepage, maar liefst op een aantal pagina's, moet de mogelijkheid tot inschrijven te vinden zijn. Dit kan eruitzien als: 'Wil je het gratis e-boek over… ontvangen? Laat ons weten waar we het naartoe kunnen sturen.' Daaronder staan de velden naam en e-mailadres. Je gratis e-boek plaats je op een onzichtbare pagina en wanneer iemand zijn gegevens achterlaat dan stuur je diegene automatisch daar naartoe. Een programma als Mailchimp helpt je daarbij.

Het belangrijkste wat op je website terug te vinden moet zijn, is je blog. Iedere maand, halve maand of week schrijf je een artikel waarvoor je op je website een aparte plek hebt ingericht. Een belangrijke groep terugkerende bezoekers is je mailinglijst. Omdat je je website bijhoudt, geeft Google je een belangrijkere plaats in de *ranking*. Google neemt tegenwoordig een hele belangrijke plaats in als het gaat om vindbaarheid van je website.

Google Analytics 'leest' het verkeer op jouw website. Je kunt een code op je website plaatsen waardoor Google Analytics voor jou bij gaat houden waar je zoekverkeer vandaan komt, hoe vaak je website wordt bezocht en welke pagina's het meest worden bekeken. Dit is hele nuttige informatie: als jij weet welke pagina's het meest bekeken worden dan kun je hier meer over schrijven in bijvoorbeeld je blog.

Met Google Wordsearch kun je achterhalen op welke zoekwoorden mensen veel zoeken. Je kunt hier aangeven in welk gebied je wilt kijken. In Nederland wordt er anders gezocht dan wereldwijd. Stel, je wilt een blog schrijven over de techniek van de grap. Je kunt dan zoeken op woorden als grap, humor, lollig, lol, prettig, vrolijk, lachen. Ieder woord heeft een andere zoekdichtheid. Het is handig een woord waar veel mensen op zoeken tenminste een paar keer te gebruiken in jouw nieuwe artikel.

Wil je meer bezoekers naar je website trekken dan kun je Google Adwords inzetten. Kleine tekstadvertenties op plekken waar mensen surfen op internet, of dat jij bovenaan in de zoekresultaten te vinden bent wanneer mensen op bijvoorbeeld 'lachworkshop' zoeken. Bij mijn website zorgt dit voor ruim vijftig procent van de nieuwe bezoekers.

Waarde

Ik heb het al eerder gezegd, geef iets van waarde. Loze teksten, alleen maar reclame voor je bedrijf, je eigen bezigheden, dit is niet wat mensen interesseert. Schrijf over wat hen bezighoudt, over wat ze willen leren, willen kunnen, willen weten. Maak lijstjes, opsommingen, schema's en stappenplannen. Vertel over het te bereiken resultaat als ze jouw stappen of punten volgen of over de vele voordelen van jouw programma.

Weet je niet waar je moet beginnen met al deze mogelijkheden? Begin dan met het opbouwen van je lijst. Stop eerst je beschikbare tijd in het creëren van een cadeautje. Een e-boek is heel eenvoudig, maar het kan ook een video zijn of een gratis intake. Houd de snelheid van internet in de gaten. Als mensen zich aanmelden via jouw website, dan willen ze ook graag direct resultaat. Daarom is een e-boek zo gemakkelijk.

Ga daarna bloggen. Schrijf wekelijks, tweewekelijks of ten minste maandelijks. Het houdt je aan de gang, je moet blijven investeren in je kennis en vaardigheden en je blijft in contact met je publiek. Je website wordt automatisch bijgewerkt en door je lijst op de hoogte te brengen genereer je weer verkeer naar je website waardoor je ook weer hoger scoort in de zoekresultaten van Google. Wanneer je besluit te gaan bloggen, verplicht jezelf dan ten minste voor een jaar om door te gaan. Bloggen en gebruik van social media zijn niet voor resultaten op korte termijn. Je biedt je eventuele toekomstige klanten waarde, en hierdoor creëer jij waardevolle klanten. Vergis je niet in de hoeveelheid kennis en ervaring die je al hebt en nog gaat opdoen. Alles wat je zelf leert is tegelijkertijd een item om door te geven. Zo doe je direct weer ervaring op.

Doelen stellen, marketing, het lijkt allemaal bloedserieus. Maar doe het met een glimlach op je gezicht, dan valt het reuze mee.

Tot slot

Ik ben blij dat ik de mensen aan het lachen heb gemaakt, omdat velen me op talloze manieren hebben laten zien hoe waardevol dat is.
Lucille Ball

Lach je genoeg?

Heb je zelf een van de formulieren ingevuld? (Zie achter in dit boek.) En wat is de score? Lach je genoeg of kan er nog wel een schepje bovenop? Wat betekent het in je leven als je niet genoeg lacht? Of meer zou kunnen lachen? Zie je dan nu dat er dingen moeilijker gaan, zwaarder wegen, ingewikkelder zijn dan nodig is? Of valt het wel mee en ben jij juist degene die de boel om je heen aan het lachen maakt? Zie je dat de wereld meer lach nodig heeft?

Toen ik kennismaakte met lachyoga ging mijn wereld ineens echt open. De lach was altijd al onderdeel van mijn leven, maar ik had me nooit gerealiseerd dat ik het opzettelijk zou kunnen doen. Ik zocht wel regelmatig vriendinnen op om mee te lachen, maar liet het toch afhangen van het toeval of de lach zou komen. Nu lach ik veel meer, bij iedere passende gelegenheid maak ik geluid in plaats van dat ik alleen een snelle glimlach laat zien en ik zoek de lach meer en meer op.

Heb je vandaag al gelachen?

Vraag je 's avonds als je naar bed gaat eens af, heb ik vandaag wel genoeg gelachen? Het is belangrijk om dit in de gaten te houden, het Grote Serieuze Leven neemt ons soms vanzelf over en we vergeten eenvoudigweg te lachen. Ga slapen met een glimlach om je mond. Een heerlijke manier om in slaap te vallen is de volgende: adem in en uit volgens een van de ademritmes zoals beschreven in het hoofdstuk dat vertelt wat lachyoga is. Adem dus langer uit dan in. Adem bewust uit en laat de inademing als vanzelf opkomen. Hier hoef je niets voor te doen. Doe dit met een glimlach om je mond. Geloof me, je valt heerlijk in slaap en je hebt een fantastische nachtrust. Dit werkt beter dan welke borrel ook.

Wanneer je dit doet dan is het ook heel eenvoudig om met een glimlach wakker te worden. Als je 's morgens wakker wordt, vraag je dan eens af of je in je dromen gelachen hebt. En of je die dag zult gaan lachen. Welke situaties ga je tegen-komen, welke collega's, familie ga je ontmoeten en met wie ga je lachen. Als je je hiervan bewust bent dan kun je het direct doen in plaats van te wachten op de reactie. Wrijf je gezicht lekker wakker, zet een glimlach op en rek je eens goed uit. De dag kan beginnen.

Start de lach

Als je moeite hebt met hardop lachen begin dan heel zacht. Kijk eens naar jezelf in de spiegel en trek je mondhoeken omhoog. Laat je tanden zien, alsof je kijkt of er iets tussen zit, en word je dan bewust van de spiertjes rond je ogen. Trek de lachspiertjes aan. Maak een zacht geluid: 'Ha, ha, ha'. Ontspan dan weer je hele gezicht. De start hoeft niet groots en meeslepend te zijn, maar is juist kalm en bedaard. Om je lippen los te maken kun je 'brrrrmmmm' zeggen waar-bij je je lippen loslaat, zoals je vroeger deed als je met auto-tjes speelde. Blaas vervolgens handkusjes naar je spiegelbeeld en zeg: 'Je bent mooi vandaag, je bent vrolijk en je maakt de dag van iemand anders goed'.

Kijk nog eens in de spiegel, trek je mondhoeken op en zeg: 'Hahahahaha', nu wat luider. Lach om de dag, lach om jezelf, lach om wat er is. Lach mét wat er is. Onthoud dat de lach een beweging en een geluid is dat je kunt oefenen, net zoals iedere vorm van sport.

Lach van de dag

Lach eens op verschillende manieren. Start een lach van de dag. Oefen iedere dag met een ander soort lach, bijvoorbeeld uit de 40 basisoefeningen. Of verzin je eigen varianten daarop. Schrijf ze wel op, want ze kunnen later weer een mooie toevoeging zijn op het repertoire in een lachclub. Het helpt je bij de ontwikkeling van je creativiteit, het helpt je het leven minder zwaar te maken en het helpt je ontspannen.

De lach van de dag zou bijvoorbeeld kunnen zijn de:

- 'ik rijd in mijn auto naar mijn werk'-lach
- 'ik sta op de bus te wachten'-lach
- 'ik ga boodschappen doen'-lach (kijk eens hoe mensen in de winkel reageren als jij daar met een grote grijns rondloopt)
- 'ik huppel en ik spring'-lach
- 'ik hou van mijn familie'-lach

Niets is te gek en de lach is oneindig.

Een dag niet gelachen is een dag niet geleefd

Gezegden en spreekwoorden lijken soms dooddoeners, maar er zit een kern van waarheid in. Zoals uit het verhaal van de Apache bleek, bij het begin van het hoofdstuk 'Wetenschappelijk lachen', vond God het pas een echt leven toen de mens ook kon lachen. Adem is leven en lachen is heel gezond ademen.

Kijk om je heen naar andere gezegden waar de lach een rol in speelt. Facebook zit vol met mensen die elkaar stimuleren om meer te lachen. Met behulp van grappige foto's en teksten, maar ook letterlijk zoals: 'Start je dag met een koffie en een glimlach' en 'Live completely, laugh freely and love unconditionally'. En 'Lachen is gezond', 'Start de dag met een lach' en 'A smile is all it takes to make someone's day'. Ieder geheugensteuntje om je meer dan vijftien keer per dag te laten lachen is welkom.

Missie

Uit deze hele lachbusiness is mijn missie geboren. Omdat het in het Nederlands nu eenmaal niet 'bekt' schrijf ik hier in het Engels. Mijn missie is: 'to create a happier world by helping people to create their own happiness'. De lach is voor mij het middel tot het doel. Door te lachen voel je je gelukkiger, blijer en vrijer. Je lijf stroomt en de liefde is voelbaar.

Verspreid de lach

De lach is gratis en deelbaar. Wanneer je lacht naar een ander dan lacht hij zeker terug. Een klein glimlachje, een trekje van een mondhoek is al goed. Er wordt dan iets in gang gezet en dat is prima. Lach meer, lach naar iedereen die je tegenkomt, lach met mensen die je ontmoet. Train jezelf in het aandacht geven aan de lach, wat aandacht krijgt vermeerdert zich. De lach is te verspreiden via Facebook, Twitter, Google+, boeken, seminars, lessen, thuis, op straat, in de winkel, tijdens dansles, al luisterend naar muziek, zelfs bij het boekhouden. Geef de lach door.

Contact
Wanneer je samen lacht dan heb je contact. Wil je contact met mij om samen te lachen, kijk dan op mijn websites www.lachwinkel.nl of www.lachcursus.nl. Of vind mij op LinkedIn of Facebook, bij beiden ben ik te vinden onder mijn eigen gewone naam, Saskia van Velzen.

Conclusie

Verander de wereld. Glimlach :-)
Saskia van Velzen

Dank je wel voor het lezen van dit boekje, voor het toelaten van de lach in je leven en voor het verspreiden van meer vreugde, liefde en warmte. Dank je voor je aandacht en je bereidwilligheid om de lach een kans te geven. Ik hoop je te mogen ontmoeten, en wanneer we elkaar zien, dan maken we een grote grijns, kijken elkaar aan en zeggen: 'Hoho hahaha'.

Bijlagen

Lachclubs

Op het moment van schrijven zijn er 19 lachclubs in Nederland. Websites veranderen nog al eens, vandaar dat ik deze
hier niet vermeld. Gebruik Google om ze eenvoudig te vinden.

Mijn lachclub bevindt zich in Wageningen en heet daar het
Lachcafé. Maar wanneer je zoekt op lachclub Wageningen,
dan krijg je hetzelfde resultaat. Alle lachclubs vragen een
laag bedrag, hiermee beantwoorden zij aan de sociale doelstelling van dr. Madan Kataria. Iedereen die deze wijze van
lachen wil proberen of wil onderhouden is van harte welkom.

Lachclub Alphen aan den Rijn
Lachclub Amsterdam
Lachclub Amsterdam Osdorp
Lachclub Boskoop/Waddinxveen
Lachclub Breda 1
Lachclub Breda 2
Lachclub Castricum
Lachclub Delft
Lachclub Den Haag
Lachclub Eindhoven
Lachclub Enschede
Lachclub Goirle
Lachclub Heusden

Lachclub Leeuwarden
Lachclub Leiden
Lachclub Oegstgeest
Lachclub Rotterdam
Lachclub Santpoort-Noord
Lachclub Weert

40 basisoefeningen

De 40 basisoefeningen zijn in beeld en geluid terug te vinden
op: www.lachwinkel.nl/media
YouTube -> lachwinkel 40 lachyoga basisoefeningen

Hoe voel je je?

Meten van de directe effecten van lachyoga

Voor	slechtst CIRKEL best	Na	slechtst CIRKEL best
Enthousiasme	1 2 3 4 5 6 7 8 9 10	Enthousiasme	1 2 3 4 5 6 7 8 9 10
Energieniveau	1 2 3 4 5 6 7 8 9 10	Energieniveau	1 2 3 4 5 6 7 8 9 10
Stemming	1 2 3 4 5 6 7 8 9 10	Stemming	1 2 3 4 5 6 7 8 9 10
Optimisme	1 2 3 4 5 6 7 8 9 10	Optimisme	1 2 3 4 5 6 7 8 9 10
Stressniveau	1 2 3 4 5 6 7 8 9 10	Stressniveau	1 2 3 4 5 6 7 8 9 10
Gevoel van vriendschap voor deze groep	1 2 3 4 5 6 7 8 9 10	Gevoel van vriendschap voor deze groep	1 2 3 4 5 6 7 8 9 10
Bewustzijn van ademhaling	1 2 3 4 5 6 7 8 9 10	Bewustzijn van ademhaling	1 2 3 4 5 6 7 8 9 10
Spier-(ont)spanning	1 2 3 4 5 6 7 8 9 10	Spier-(ont)spanning	1 2 3 4 5 6 7 8 9 10
Mentale ontspanning	1 2 3 4 5 6 7 8 9 10	Mentale ontspanning	1 2 3 4 5 6 7 8 9 10
Vermogen te lachen zonder reden	1 2 3 4 5 6 7 8 9 10	Vermogen te lachen zonder reden	1 2 3 4 5 6 7 8 9 10

Algemene opmerkingen	Algemene opmerkingen
Naam:	Naam:

Belangrijk:

– Dit formulier dient ingevuld te worden deels voor en deels na de workshop/lachsessie.
– Dit is om de directe effecten van een lachsessie te meten.
– Bewustzijn van de ademhaling: normaal gesproken zijn we ons hier niet van bewust. Na de lachoefeningen kan het zijn dat je vrijer en gemakkelijker kunt ademhalen en je wordt je bewust van de diepere ademhaling in de longen.
– Stressniveau: hoe je jezelf voelt – 1 is de 'negatieve' kant en 10 is de 'positieve' kant van je stressbeleving.

Lachquotiëntformulier

Over een langere periode is er meer te meten. Doe je meer lachyogasessies vul dan eens dit formulier in. Doe een meting voor de sessies en meet ook na bijvoorbeeld 5 of 10 sessies. Geef jezelf een 1 als je vindt dat je laag scoort op een onderdeel en een 10 als je er heel tevreden over bent.

1. Hoeveel lach je?

Voor: 1___2___3___4___5___6___7___8___9___10
Na: 1___2___3___4___5___6___7___8___9___10

2. Wat is je bron van de lach? Is hij voorwaardelijk en hangt hij van de omstandigheden af of komt hij van binnenuit. Deze schaal geeft de mate van voorwaardelijkheid aan. Komt hij van buitenaf, noteer dan een laag cijfer, hoe meer hij van binnenuit komt, hoe hoger het cijfer zal zijn.

Voor: 1___2___3___4___5___6___7___8___9___10
Na: 1___2___3___4___5___6___7___8___9___10

3. Hoe groot is je gevoel voor humor? Humor is het vermogen van je brein om welke situatie dan ook waar te nemen, te vatten en uit te drukken op een humorvolle wijze.

Voor: 1___2___3___4___5___6___7___8___9___10
Na: 1___2___3___4___5___6___7___8___9___10

4. Hoe is je niveau van fysieke speelsheid en je speelse mentale houding wanneer je met anderen bent?

Voor: 1___2___3___4___5___6___7___8___9___10
Na: 1___2___3___4___5___6___7___8___9___10

5. Hoe vaak zing je en dans je? Dit zijn de elementen van plezier.

Voor: 1___2___3___4___5___6___7___8___9___10
Na: 1___2___3___4___5___6___7___8___9___10

6. Hoe groot is je vermogen om je emoties uit te drukken, zowel positief als negatief?

Voor: 1___2___3___4___5___6___7___8___9___10
Na: 1___2___3___4___5___6___7___8___9___10

7. Je gemoedstoestand. Wat is het percentage positieve gedachten ten opzichte van het aantal negatieve gedachten die door je heen gaan?

Voor: 1___2___3___4___5___6___7___8___9___10
Na: 1___2___3___4___5___6___7___8___9___10

8. Hoe is het gesteld met je gevoel van woede of agressie, zowel de expressieve als de onderdrukte?

Voor: 1___2___3___4___5___6___7___8___9___10
Na: 1___2___3___4___5___6___7___8___9___10

9. Voel je je weleens depressief? Wat is het niveau hiervan?

Voor: 1___2___3___4___5___6___7___8___9___10
Na: 1___2___3___4___5___6___7___8___9___10

10. Hoe introvert of extravert ben je? Geef een laag cijfer voor introvert en een hoog cijfer voor extravert.

Voor: 1___2___3___4___5___6___7___8___9___10
Na: 1___2___3___4___5___6___7___8___9___10

11. Hoe tevreden en gelukkig ben je met je leven?

Voor: 1___2___3___4___5___6___7___8___9___10

Na: 1___2___3___4___5___6___7___8___9___10

12. Hoe gestrest ben je? Dit kan zowel fysiek, metaal of emotioneel zijn. Geef een laag cijfer voor veel stress en een hoog cijfer voor weinig stress.

Voor: 1___2___3___4___5___6___7___8___9___10

Na: 1___2___3___4___5___6___7___8___9___10

13. Hoe staat het met je communicatievaardigheden? Praat je gemakkelijk met vreemden en kun je je bewegen in een (onbekende) groep?

Voor: 1___2___3___4___5___6___7___8___9___10

Na: 1___2___3___4___5___6___7___8___9___10

14. Hoe fris en energiek voel je je?

Voor: 1___2___3___4___5___6___7___8___9___10

Na: 1___2___3___4___5___6___7___8___9___10

15. De uitdagingen van het leven. Hoe positief kun jij blijven wanneer de uitdagingen je voor de voeten geworpen worden?

Voor: 1___2___3___4___5___6___7___8___9___10

Na: 1___2___3___4___5___6___7___8___9___10